海派文化丛书

海上寻珍

楼耀福著

文匯出版社

图书在版编目（CIP）数据

海上寻珍/楼耀福著. —上海：文汇出版社，2010.5
（海派文化丛书）
ISBN 978－7－80741－823－8

Ⅰ.海⋯　Ⅱ.楼⋯　Ⅲ.①文化遗产-简介-上海市　②艺
术-简介-上海市　Ⅳ.K295.1 J12

中国版本图书馆CIP数据核字（2010）第040214号

海上寻珍

作　　者／楼耀福
丛书主编／李伦新
责任编辑／张　衍
装帧设计／周夏萍

出 版 人／桂国强
出版发行／文汇出版社
　　　　　上海市威海路755号
　　　　　（邮政编码200041）
经　　销／全国新华书店
照　　排／南京展望文化发展有限公司
印刷装订／上海新文印刷厂
版　　次／2010年5月第1版
印　　次／2010年5月第1次印刷
开　　本／640×960　1/16
字　　数／240千
印　　张／20

ISBN 978－7－80741－823－8
定　　价／36.00元

编委会

总序

在中国所有的城市中，没有也不可能有两个城市是完全相同的，每个城市都有各自的特点和个性。上海，无论是城市的形成过程、发展道路，还是外观风貌、人文内蕴，抑或是民间风俗习惯等，都有鲜明的特点和个性，有些方面还颇具奇光异彩！

如果要我用一个字来形容上海这座城市，我以为唯独一个"海"字，别无选择。

上海是海。据研究表明，今上海市的大部分地区，尤其是市中心地区，在六千多年以前，尚是汪洋一片。随着时间的推移，长江的奔流不息，大海的潮涨潮落，渐渐淤积成了新的陆地，以打鱼为生的先民们开始来这一带活动。滩涂湿地渐长，围海造地渐移，渔民顺势东进，于是出现了叫上海浦、下海浦的两个小渔村，由此迅速发展起来。到南宋咸淳三年（1267年），在今小东门十六铺岸边形成集镇，称上海镇。后于1292年正式设置上海县，县署就在今老城厢内的旧校场路上。一个新兴的中国滨海城市就这样开始崛起。所以我认为，上海可以说是一座水城，上海是因水而生，因水而兴，水是上海的血脉，水是上海的精灵。直至今日，上海的地名、路名依旧多有滩、渡、浜、泾、汇、河、桥、塘、浦、湾……这都在向人们证明，是水造就了上海这座城市。

海洋是美丽而壮观的。约占地球表面总面积的70.8%是海洋水面，如果称地球为"水球"也不无道理。海洋是广阔而有边的，是深而可测的。"日月之行，若出其中；星汉灿烂，若出其里。"海洋是生命的摇篮，是资源的宝库……任你怎样为之赞美都不会过分。

海在洋的边缘，临近大陆，便于和人类亲密接触。我国的万里海疆，美丽而且富饶，被誉为能量的源泉、天然的鱼仓、盐类的故乡，孕育着宇宙的精华，激荡着生命的活力……任你怎样为之歌唱都不会尽兴。

上海是海。是襟江连海的不息水流造就了上海，更是水滋养了上海，使这座城市孕育了以海纳百川、兼容并蓄为主要特征的海派文化。可以说，没有水就没有上海，就没有这座迅速崛起的滨海城市。没有海派文化的积极作用，也就没有上海的迅速崛起和繁荣发达。今后，上海的发展还要继续做好这篇水文章，充分发挥自己的优势和特点！

上海是海。上海人来自五湖四海，是中国最大的移民城市，是典型的近代崛起的新兴城市，不同于在传统城市基础上长期自然形成的古老城市。1843年开埠以前，上海人口只有20多万，经过百年的发展，人口猛增到500多万。据1950年的统计，上海本地原住民只占上海总人口的15%，移民则高达85%。上海的移民，国内的大都来自江苏、浙江、安徽、福建、广东，国际的虽来自近四十个国家，但主要来自英、法、美、日、德、俄，其数量最多时高达15万人。在一个多世纪中，上海大规模的国内移民潮有如下几次：

太平天国期间，从1855年到1865年，上海人口一下子净增了11万。

抗日战争时期，特别是孤岛期间，仅4年时间，上海人口净增了78万。

解放战争期间，三年左右，上海人口净增了208万，增势之猛，世界罕见。

改革开放以来，上海产生了新一波移民潮，人口增长势头也很猛，现在户籍人口已经超过1 800万，此外，还有外来务工人员600万。每年春运高峰，车站码头人山人海、人流如潮，是上海一道独特的风景。

上海是海。上海的建筑素有万国博览会之美誉，现在是越来越名副其实了。有人说建筑是城市的象征，是城市文化的载体；也有人说建筑是凝固的音乐，是城市的表情。依我看，上海的城市建筑是海派文化的外在形象体现，无论是富有上海特色的石库门里弄房屋，还是按照欧美风格设计建造的各式各样的建筑，包括集中于南京路外滩的建筑群，和分布于各区的多姿多彩的别墅洋楼，诸如文艺复兴式、哥特式、巴洛克式、古典主义式……现已列入重点保护的优秀历史建筑就达300多处，或者是后来建造的如原中苏友好大厦等，都在向人们无声地讲述着丰富而生动的历史人文故事，演奏着上海社会发展进步史上的一个个乐章。

上海是海。上海人讲话多有南腔北调，还有洋腔洋调。中国地域广阔，方言土语十分丰富。56个民族，都有本民族的语言。上海这个迅速崛起的移民城市，人口的多元化，自然带来了语言的多样化，中国各地方言和世界各国的语言大都能在上海听到。

上海是海。上海人的饮食，可谓多滋多味，菜系林立，风味各异，川帮、广帮、闽帮、徽帮、本帮……应有尽有；西菜、俄菜、日本菜、印度菜……数不胜数。

上海是海。上海的戏剧舞台百花争艳，京剧、昆剧、越剧、沪剧、淮剧、歌剧、舞剧……剧种之多，阵容之齐，在国内数一数二，在国际堪称少有。浙江嵊县土生土长的越剧在上海生根开花，走向全国；而上海土生土长的沪剧则别具一格地将莎士比亚的《罗密欧与朱丽叶》、王尔德的

《少奶奶的扇子》改编成功……

上海确实就是海！

海派文化姓海。

海派文化不等于全部上海文化，而是上海文化独特性的集中表现。

姓海的海派文化，是我们中华文化的一部分。中华文化是我们中华民族之魂。中华文化历史悠久，博大精深，就像一棵根深叶茂、顶天立地的大树，巍然屹立，万古长青，枝繁叶茂，这树的主干在北京，树根深扎国土，树枝则是伸向祖国各地各民族的地域文化和民族文化。有一种说法耐人寻味：看中华文化五千年要到西安去；看中华文化两千年要到北京去，看近百年来中华文化发展要到上海去。当然，比喻总是蹩脚的。

姓海的海派文化，是伴随着上海这座典型的移民城市的崛起而形成和发展的，来自江苏、浙江、安徽、广东、福建……的移民带来了当地的民族民间文化，在上海相互影响，有的彼此融合，有的相互排斥，有的自然淘汰，经久磨合而逐渐形成新的文化形态。因此，海派文化是吸纳了国内各地民间文化精华，孵化生成具有鲜明上海地方特色和个性的独特文化。

姓海的海派文化，是受世界文化特别是受西方文化影响最多的中国地域文化。1843年上海开埠以后，西学东渐，海派崛起，云蒸霞蔚，日趋明显。随着西方物质文明的输入，如1865年10月18日在南京路点亮第一盏煤气灯，从此上海有了"不夜城"之名；1881年英商自来水公司成立，次年在虹口铺设水管，开始供水……东西方人与人、文化与文化整体接触，尤其是租界上"华洋杂处"、"文化混合"，虽然于我们是一种无可奈何的选择，但客观上却是引进西方文化早而且多，使上海成了"近代化最成功的地方，市民文化最强大的城市"，往往统领风气之先。

姓海的海派文化，是随着上海发展而发展的，是客观存在，有客观规律，我以为大体可分为这样几个时期：

萌芽时期：1843年上海开埠以前，中华传统文化特别是吴越文化，为海派文化提供了基础，开始孕育海派文化。

成长时期：1843—1949年期间，特别是20世纪三四十年代，上海"八面来风"似的国内外移民，哺育了海派文化的成长。

转折时期：这又可以分为两段：1949—1965年间，建国以后，定都北京，商务印书馆等文化单位迁往北京，以郭沫若、茅盾、叶圣陶、夏衍、曹禺为代表的上海文坛骁将率队陆续迁居北京，上海在电影、文学、戏剧等诸多方面不再是中国的文化中心，这是很正常的转移。上海虽然不再是中国的文化中心了，但文化基础很好，依然作用不小，有些方面如电影、小说在全国的影响还是很大的。这也给海派文化带来了新的发展机遇。1966—1976年，"文化大革命"十年浩劫，整个中国文化，包括海派文化，遭受了毁灭性的破坏，罄竹难书。

成熟时期：1976年，笼罩祖国天空的阴霾一举扫去，阳光重新普照大地，结束长达十年的浩劫，开始拨乱反正、改革开放新时期，在全中国范围对"文革"进行反思，进行平反冤假错案，逐步恢复正常的文化活动。上海以话剧《于无声处》和小说《伤痕》为起点，海派文化开始新的阶段。在党的十一届三中全会精神指引下，上海再次成为东西方文化交流的中心，海派文化重新焕发青春，健康发展，在新的基础上正在走向成熟。

当前，海派文化面临着新的机遇和挑战，存在这样那样前进和发展过程中难以避免的问题和弱点，这是要引起重视并认真对待的。

姓海的海派文化，有哪些基本特点呢？我以为主要有：

一是开放性：海纳百川、有容乃大，为我所用，化腐朽为神奇，创风气之先河。不闭关自守，不固步自封，不拒绝先进。

二是创新性：吸纳不等于照搬照抄，也不是重复和模仿人家，而是富有创新精神，洋溢着创造的活力。当年海派京剧的连台本戏、机关布景是创新，如今的《曹操与杨修》也是创新，金茂大厦则是在建筑文化方面的创新。

三是扬弃性：百川归海，难免泥沙俱下，鱼龙混杂，尤其在被动开放时期，特别是在"孤岛时期"，租界内某些殖民文化的影响也不能忽视，需要加以清醒地辨别，区别对待，避免盲目和盲从。

四是多元性：海派文化和其他事物一样，具有综合性，是复杂的体系，不应该要求纯之又纯，水清无鱼，那就不成其为海派文化了。雅与俗，洋与土，阳春白雪与下里巴人相容并存，以致落后、低级、庸俗、黄色、反动文化，在以往那特定历史时期，也夹杂其间，怎么能用这些来对今天的海派文化说事呢。

五是商业性，海派文化在不同历史时期和不同政治、经济、社会环境中，其适应市场的商业性都有不同的表现。上海人往往对国内外市场行情具有敏感性，适应市场变化的能力比较强，有些从事文化艺术工作的人士，也比较有经济头脑和市场意识。

我认为，海派文化的"派"，既不是派性的派，也不是拉帮结派的派，更不是其他什么派。千万不要"谈派色变"，也不必对"派"字讳莫如深，远而避之，切忌一提到"派"字，就联想到造反派、搞派性、讲派别！不，我们这里所说的海派文化，是反映上海文化风格的最重要流派。我国有京派文化、徽派文化、吴越文化……和海派文化一样，都是中华文化的组成部分。我们的京剧有麒派、尚派等等，越剧有袁（雪芬）派、傅（全香）派、戚（雅仙）派……都是戏剧艺术的流派，流派纷呈有何不好。

我认为，海派文化是客观存在，不以人们的主观意志为转移。海派文化并不是一成不变的，而是一直在发展变化之中，既不要一提到海派文化就沉醉于20世纪30年代怀旧情调中，也不要一说到海派文化马上就和当年的流氓、大亨、白相人划等号。应该看到，经历了漫长时期的风雨淘洗，特别是进入改革开放新时期以来，上海发生了巨大变化，海派文化也呈现出前所未有的崭新面貌。海派文化发展的至高境界，我想就是"海派无派"，正如石涛先生所说，"无法而法，乃为至法"。应该要为海派文化向至高境界发展而不断努力。

时代呼唤《海派文化丛书》。

《海派文化丛书》是历史的需要。在经济全球化和文化趋同化的当今世界，我们伟大祖国亿万人民正在为建设和谐社会、和谐世界而团结奋斗，中央要求上海搞好"四个中心"建设，发挥"四个率先"作用，还要继续搞好在浦东的综合改革试点，为中国特色社会主义事业作出应有贡献，特别是要主动热情地为争取办好中国2010年上海世界博览会而努力。世界人民的目光聚焦上海，为了全面了解上海、正确认识上海，都迫切需要为他们提供新的准确而完整的图书资料。国内各兄弟省市的同志也有这样的愿望，新老上海人同样都有这个要求。可以说，编辑出版一套系统介绍海派文化的丛书是当务之急。

《海派文化丛书》必须力求准确系统地介绍海派文化。海派文化曾经有过争议，如今也还是仁者见仁，有不同看法是正常的，也是好事。我们编纂者则要严肃而又严格地正确把握，既不要过于偏爱，也不要执意偏见。近年来，由于上海大学领导的重视和不少专家学者热情支持，已经举行了多次海派文化学术研讨会，汇编出版了五本论文选集，受到社会各方面的关心和欢迎，但这还远远不够。我们要以认真负责的态度，出版好这套丛书。

《海派文化丛书》的创作、编辑、出版工作一经动议，就得到作家、编辑和有关领导的热情支持，得到上海大学、上海市对外文化交流协会和文汇出版社等大力帮助。我相信，《海派文化丛书》的出版可以为中华文化宝库增添新的内容，为中华民族的振兴和上海的建设增强精神助推力，同时，也可为希望全面了解上海的中外人士，提供一套具有系统性、权威性、可读性而又图文并茂的图书。

我谨代表《海派文化丛书》的作者、编者、出版发行者，向所有给予帮助和支持的单位及个人表示衷心感谢！向读者和收藏者们致以诚挚的敬意！向读后对本丛书提出批评意见和建议的朋友鞠躬致敬！

是为序。

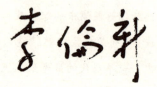

2007年5月20日于乐耕堂

（本文作者为上海大学海派文化研究中心主任）

目录

序篇

精彩纷呈的寻珍之旅

顾绣、竹刻、海派剪纸、上海灯彩、上海面人赵、海派黄杨木雕、鲁庵印泥、朵云轩木版水印、金山农民画……本书所撰写的这些非物质文化遗产以及海派留青竹刻、上海蓝印花布、申窑瓷器等，都堪称上海的艺术瑰宝。它们的绚丽夺目让我怦然心动，笔端的文字也因此奔涌而出。

从春秋战国至上海开埠的漫漫岁月中，上海工艺美术主要受吴越文化的影响。

1843年11月，上海正式开埠。在从上海由一个小县城蜕变为"十里洋场"的过程中，独具一格的海派文化逐渐形成。美轮美奂的上海工艺美术也从此烙上了"海派"的印记。

上海在当时就显示了海纳百川的雍容大度。这种宽容博大的胸怀，使上海工艺美术界大师辈出、流派纷呈、佳作不断。各地的艺术家在这个"江海之通津、东南之都会"的崭新天地里，充分舒展才华的同时，也为这个城市营造了海派工艺美术的云蒸霞蔚。

瑰宝：上海非物质文化遗产

我悄悄地发现幸存的古建筑、名人旧居的门口被挂上了"不可移动的历史建筑"铭牌；电视节目开始播放《论语》、《三字经》的讲解，开始追思梁思诚曾经的努力；竹刻、刺绣、剪纸乃至案头一盒印泥的制作工艺被申报为国家和上海市的非物质文化遗产，在我居住的古镇成立了竹刻协会，建起了竹刻博物馆，久违了的草编织品又走进了寻常百姓家……这一些,如同春雨,润物细无声般地滋润着我那颗关注中国传统文化的心。

2006年6月的一天,国务院公布了第一批国家级非物质文化遗产名录,共518项。国务院的通知中说:"我国是历史悠久的文明古国,拥有丰富多彩的文化遗产。非物质文化遗产是文化遗产的重要组成部分,是我国历史的见证和中华文化的重要载体,蕴含着中华民族特有的精神价值、思维方式、想象力和文化意识,体现着中华民族的生命力和创造力。保护和利用好非物质文化遗产,对于继承和发扬民族优秀文化传统、增进民族团结和维护国家统一、增强民族自信心和凝聚力、促进社会主义精神文明建设都具有重要而深远的意义。"要求各地"认真贯彻'保护为主、抢救第一、合理利用、传承发展'的工作方针,切实做好非物质文化遗产的保护、管理和合理利用工作"。读着这条消息,我顿时眉开眼笑。我傻乎乎地扳着手指,计算着上海入选的有多少,甚至为一些应该入选而暂未入选的项目鸣不平。

上海市入选第一批国家级非物质文化遗产名录的共有顾绣、竹刻、乌泥泾手工棉纺织技艺、江南丝竹、昆曲、海派京剧、越剧、沪剧、锣鼓书等9项。2008年6月国务院公布了第二批国家级非物质文化遗产名录,上海市入选的有上海港码头号子、琵琶艺术(瀛洲古调派、浦东派)、泗泾十锦细锣鼓、上海道教音乐、淮剧、浦东说书、独脚戏、上海面人赵、上海剪纸、黄杨木雕、上海灯彩、上海鲁庵印泥、木版水印技艺、徐行草编、金银细工制作技艺、钱万隆酱油酿造技艺、功德林素食制作技艺、上海龙华庙会、吴歌、舞草龙、奉贤滚灯、苏州评弹、石氏伤科疗法、端午节(罗店划龙船习俗)等24项。纵观上海入选的33个项目,一种浓浓的浸淫着海派文化乃至吴越文化的气韵从遥远的记忆中迎面走来。

33个项目中,民间美术类中的顾绣、竹刻、上海面人赵、上海剪纸、黄杨木雕、上海灯彩等,传统手工技艺中的文房用品上海鲁庵印泥以及朵云轩木版水印等，都是我所喜欢的。其中有的我自幼便喜欢，有的近些年才迷恋其中，有的虽接触不多却总觉神交已久。因此当《海派文化丛书》主编李伦新先生约请我撰写本书《海上寻珍》时，我慨然应诺。我也由此重新踏上这次愉快的赏心悦目的寻珍之旅。

顾绣、竹刻、海派剪纸、上海灯彩、上海面人赵、海派黄杨木雕、鲁庵印泥、朵云轩木版水印、金山农民画……本书所撰写的这些非物质文化遗产以及海派留青竹刻、上海蓝印花布、申窑瓷器等，都堪称上海的艺术瑰宝。它们的绚丽夺目让我怦然心动，笔端的文字也因此奔涌而出。

源远流长的上海工艺美术

本书共十二章，撰写上海奇珍瑰宝十二项，其中绝大部分是属工艺美术范畴。

工艺美术，按《辞海》中的解释，是"造型艺术之一。通常分两类：一、日用工艺，即经过装饰加工的生活实用品，如一些染织工艺、陶瓷工艺、家具工艺等；二、陈设工艺，即专供欣赏的陈设品，如一些象牙雕刻、玉石雕刻、装饰绘画等。"因此，实用与审美的双重性是工艺美术的基本特征。

工艺美术初始为乡间农民或手工业者所创造，乡土气息浓郁，生动质朴，艺术魅力独特。随着历史的发展，其中工艺精湛的部分逐渐专业化。

上海工艺美术的历史，大约可追溯到六千多年前的新石器时代晚期。远古时代的上海地区曾经是一片汪洋，沧海桑田，几经变迁，在冲积成陆的过程中，上海西部形成一条古海岸线，潮汐海浪冲积了大量泥沙和介壳残骸，形成了一条高出原来的地面的海岸遗迹，人们通常称之为"冈身"。原始先民们在首先成陆的上海西部以渔猎和种植为生，在使用石器中，出现了某些装饰图案,这便是最早诞生的上海工艺美术。

"崧泽文化"时期,玉石饰物的制作已有相当的进步,玉饰物已出现摹仿鱼、鸟的造型。陶器的品种更加丰富,表面大多有纹饰,其中不乏造型生动,富有雕塑感的器物,先烧后绘的彩绘陶也在此间问世。

2008年,松江广富林文化遗址的发掘,又为我们提供了4 000年前上海地区的许多有价值的古代工艺美术遗存。

* 广富林文化遗址的发掘

从春秋战国至上海开埠的漫漫岁月中,上海工艺美术主要受吴越文化的影响。

出土于松江凤凰山南麓的春秋时期的青铜尊,纹饰精细,与中原地区同类器物中的粗犷风格明显不同。这一时期的陶器也以其浑朴的造型、精巧细浅的纹饰,显示着它的吴越文化的特征。青浦重固镇出土的战国时期泥质红陶俑头眉清目秀，彩绘手法娴熟，红陶俑手呈舞蹈状，姿态生动，上海雕塑的精美在当时已可见一斑。

此后，如出土于青浦福泉山的陶制盒形香薰、金山戚家墩等处的米筛纹鱼篓形罐以及大量的汉代铜镜，其造型、图案均具有极高的美学价值。

除上海地区的出土文物外，现存的许多古代雕塑和历史建筑也都体现了上海工艺美术的精彩。坐落在嘉定境内的五代南翔寺双塔，"岿然双峙，千年物也"，其精巧灵秀的砖雕艺术精美无比，可与河北开元寺砖塔媲美。现松江城内的陀罗尼经石幢，建于唐大中十三年(859)，气势宏大，残高9.3米，现存21层。其中18层刻有浮雕，卷云、山石、水纹、表花草纹、莲花纹、缠枝牡丹、盘龙、蹲狮、衔环狮首等，无不精美。第19层的圆柱《郡

* 五代南翔寺双塔

主礼佛图》，上面雕刻16个人物，个个栩栩如生，恰似一幅生动的人物画卷。同时期的石雕工艺美术的造诣在南翔古猗园的一对唐代经幢中也得以充分体现，幢柱八角七级，每级雕有云纹、莲瓣、天王、力士等，元代僧人宏济曾有诗描绘："天风微袅经幢石，恰似点头听法时；想见三神鳌抃舞，碧云低度玉参差。"

南宋(1127—1279)时期，随着朝廷南迁临安，全国政治经济文化中心也转移至江南地区，上海工艺美术也由此走向繁荣。其时，上海的缂丝工艺闻名全国，松江地区著名缂丝家朱克柔摹缂唐宋名人书画，作品晕色和谐，清新秀丽，具有高度观赏价值，时称"朱缂"，为风行一时的艺术珍品，被当时官宦富绅、文人雅士视若名画，争相购之，甚至皇帝也派宦官到江南觅其织品。宋嘉泰年间，"药斑布（即蓝印花布）亦出嘉定县境及安亭镇"，"以布抹灰药而染青，候干去灰药，则青白相间，有楼台、人物、花鸟、

* 朱克柔缂丝作品

诗词各色，充帐幔衾之用。"蓝与白的色泽由此在大江南北演绎着变幻无穷的美丽。

上海地区有古塔多座，塔藏古代工艺美术也不乏珍品。在松江圆应塔修缮施工中，发现塔顶砖砌天宫中藏有70余件古代文物，其中有多尊贴金银佛像、玉雕人物像。如青玉罗汉像，雕工洗练，造型洒脱，线条流畅，其精湛工艺在宋玉中罕见，体现了当时上海玉雕艺人的不凡水准。上世纪九十年代，嘉定法华塔的元代地宫出土了一批珍贵文物。其中的青铜佛像、石菩萨像、玉弥勒佛、玉母子猴、玉舞人、水晶蝉等，都堪称工艺美术的精品。在"玉母子猴"这件作品中，母猴的老成慈爱以及舐犊之情，四只小猴的天真稚朴及其对母猴的依恋，被刻画得淋漓尽致。"玉舞人"的翩然起舞的状态，也被雕得生动媚人。

元代（1279—1368），黄道婆从海南崖州带回纺织工具及技艺，在上海地区广为传授，竞相织成被、褥、带，其团凤、折枝、棋局、字样等纹案灿然若写，美妙动人，时称"松江之布，衣被海内"。

明代（1368—1644）是上海工艺美术史上名家辈出、流派纷呈的鼎盛时期。松江、嘉定等地手工织业延续元代传统，又出现了"飞花""龙墩""眉织"等新的流派，其中松江东门外双庙桥人丁娘子"弹木棉极纯熟，花皆飞起，收以织布，尤为精软，号丁娘子布，一名飞花布"。嘉定纺织业也花开遍地，外冈的飞花布"以染浅色，鲜妍可爱，他处不及"；南翔的扣布"光洁而厚"；娄塘的斜纹布"斜纹间织如水浪胜子，精者每匹值至一两，匀细坚洁，望之如绒"；另有线毯、紫花布、茶花布等品种20余种，其中的纹饰繁多而又精美。

明代松江的铜器铸造名匠胡文明，擅长铸铜炉，并能按古式制彝、鼎、尊等铜器，被世人称作"胡炉"。胡文明所作"甘蔗红色宣德炉"、"铜鎏金异兽纹炉"等式样高古、精致，体现了这一时期上海铸铜工艺的

＊黄道婆传艺（程十发绘）

很高水准。

明代嘉靖年间，上海老城厢进士顾名世家族诞生的露香园顾绣，是上海工艺美术史上的又一奇葩。代表人物韩希孟工画花卉，将画理与顾绣结合，形成了画绣结合的独特风格。无论花卉、草虫、山水、人物在她的绣针之下均极富神韵，人称"韩媛绣"。她的传世名作《洗马图》、《藻虾》等，现都被各大博物馆收藏。刺绣的艺术内涵因顾绣更显深厚，顾绣书写了中国刺绣史上光辉的一页。

嘉定的竹刻崛起于明代嘉靖年间，由嘉定"三朱"（朱鹤，号松邻；其子朱缨，号小松；其孙朱稚征，号三松）首创。此后深受嘉定文人雅士青睐，精品不断。清康熙年间的吴之璠、顾珏、封锡禄、封锡爵、封锡璋三兄弟，雍正年间的周颢、周笠叔侄，乾隆年间的施天章、邓孚嘉等以刀代笔，创造了中国竹刻的灿烂。嘉定竹刻兴旺持久三百余年，成为中国竹刻史上的不可磨灭的辉煌里程碑。

清顺治年间，金银首饰在上海盛行。发簪以金、银制成，施镂花工艺于金，施珐琅及烧染紫金于银；环佩以金丝编结成花珠，间饰以宝石、珠玉等；耳环多用金圈。道光年间，上海出现了"老凤祥"等多家银楼作坊。光绪二十二年(1896)上海首饰业行会组织——银楼公所成立。清末，上海首饰业形成裘大宝、费文元、凤祥、庆云、庆福星、杨庆和、景福、方九霞、宝成等九大银楼，产品有金银首饰、中西器皿、宝星徽章、珠翠钻石、珐琅镀金、精致礼券等，各大银楼在其制品中都有各自的工艺美术特色，并盖戳为记。

清代中后期，上海沿袭传统习俗，在立春等时节，用纸、绢、罗帛、通草等，制成纸花、绢花悬挂在树枝上欣赏，称为赏红。每年正月十五元宵节，民间用篾竹扎作龙灯、滚灯，在街巷表演舞龙灯。二月十二花朝日，人们又以彩纸制伞灯、花神灯，灯上用细针镂刻人物、花卉、珍禽异兽等，细如蚕丝，下饰须带，十分精妙。逢年过节，婚嫁喜事，市郊农村妇女用彩纸剪出"喜上眉梢"、"鸳鸯戏荷"等吉利图案，贴于门窗，以示喜气。平日的剪纸花样，则多绣于鞋、帽、肚兜、帐帘等处。七月三十日地藏王诞辰那晚，大街小巷点满香火，并剪纸作莲花，铺在地上。各种节令，人们还流行用面粉捏制食品，配以红枣、绿豆，或染胭脂，使食品带有某种祝福意义，这种食品也因此成为一种艺术。

上海时属江苏，与浙江毗邻，在漫长的岁月中，上海的民俗民风大抵与江浙地区相仿，期间诞生的民间文化艺术不可避免地浸润着秀美的吴越风情，比如已被列为非物质文化遗产的上海原生态民歌——青浦田山歌，究其源，属吴歌范畴。上海地区的工艺美术也不例外，日用的木器家具其所体现的样式、纹饰，理所当然地属"苏作"；诞生于上海地区的"药斑布"（蓝印花布），时亦被冠以"苏印"之名……

1843年11月，根据《南京条约》和《五口通商章程》的规定，上海正式开埠。从此，中外贸易中心逐渐从广州移到上海，外国商品和外国资本纷纷涌进长江门户，开办银行，开设行栈，设立码头，划定租界……在从上海由一个小县城蜕变为"十里洋场"的过程中，逐渐形成了独具一格的海派文化，美轮美奂的上海工艺美术也从此烙上了"海派"的印记。

海纳百川汇奇珍

上海正式开埠之后变化巨大，同济大学出版社1993年出版的《上海历史明信片》一书中南京路在20世纪30年代与20世纪初的两张图片，对这种变化作了最生动的注释。

西风东渐，是构成海派工艺美术的重要因素。在西洋文化的影响下，上海工艺美术品明显不同于过去。

清同治三年(1864)，徐家汇天主教堂在土山湾设立孤儿工艺院，收6—10岁孤童，"衣之食之，教以工艺美术"，设木工部、五金部、印刷所、画馆等，由中外教士传授图画、木雕、陶器、泥面塑、藤器、木器、毛织等技艺，并生产销售，藉以自养，无意间却推进了海派艺术的形成。

土山湾孤儿工艺院制造的镶嵌画、月份牌、风琴、塑像、木雕、鞋作、绒绣、编结等，在传承中华传统的基础上，已融入了西方文化的精粹。

画坛巨匠徐悲鸿称土山湾孤儿工艺院：为"中西文化之沟通，该处曾有极其珍贵之贡献。"更有人称其为海派艺术的发源地，我以为有其道

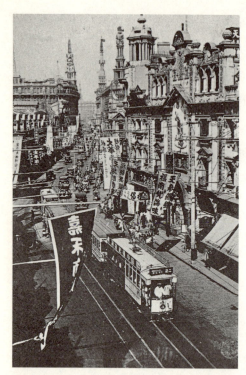

* 20世纪30年代南京路

* 20世纪初的南京路

理。在那里脱颖而出的周湘、徐咏清、杭稚英、张聿光、丁悚、刘海粟等一批蜚声中外的画坛大师、著名油雕家张充仁、海派黄杨木雕的始创人徐宝庆……就足以说明一切。

随着近代上海对外贸易的发展，有关外国先进工艺的著作由翻译馆引进和翻译，绒线编结、绒绣、抽纱花边、洋镶首饰、彩绘玻璃、珐琅等外国工艺美术也开始传入上海。我国对外开放的其它海岸城市，虽然也受西方文化的影响，但无论在广度和深度上，与上海都无以类比。这种中西文化的交融和完美结合，构成了海派工艺美术最鲜明的特点。

构成海派工艺美术的另一要素，我以为是上海开埠之后的城市化进程。

在上海从一个小县城向国际化都市发展的过程中，上上下下各方面都在发生蜕变。工艺美术品本是"经过装饰加工的生活实用品"，其功能

＊ 民国时期的法官椅

为适应此种变化，也明显与开埠之前不同。比如家具，笔者曾在上海一家古典家具公司展厅看到民国时期的一把法官椅。当上海还是小县城的时候，它没有法院、法庭、法官，城市治理机构的变化让法官椅等实用品应运而生。法院、法庭、法官，本是西方文明国家的舶来品，出现在法官椅上的木雕纹饰也明显具有外来文化的元素。在城市化的进程中，千千万万的老百姓从农民、渔民变成了城市居民、工商业者、医生、教师、律师、三轮车夫、舞女、买办……身份的变化，生活习惯的变化，促使这些"经过装饰加工的生活实用品"发生了变化。在以上世纪三十年代的上海为背景的电影中，我们见到的麻将桌、梳妆台、花盆架等中西合璧的家具、姨太太们绮丽的服饰以及首饰，十里洋场流淌着海派工艺美术韵味的光怪陆离的城市装饰……在开埠前的农耕时代是完全看不到的。

开埠以后的上海成了中国最大的城市，它的繁荣对全国各地的艺术家充满了诱惑，全国各地的艺术家都把上海作为施展才艺的大舞台，纷纷云集海上，使上海工艺美术出现空前兴旺的局面。20世纪初，著名扬州玉器艺人袁德荣、朱邦远、顾咸池等人在上海开设作坊，扬州玉器由此传入上海。江苏艺人匡臣良在北京学成象牙雕刻后，于20年代初在上海开设作坊，带徒授艺，与弟子匡奕贵、冯立锦等形成精细透雕的流派。冯立锦创立的独树一帜的海派细花镂空雕，与北京的圆雕人物、广州的象牙球并称为中国现代牙雕三大流派。江苏常熟人、近代上海成就最高的砚刻家陈端友，1911年随师张太平来沪，1917年起自立门户，在上海形成以精湛写实为特色的海派砚刻风格。嘉定派竹刻在清末趋于衰落，著名竹刻艺术家金西厓、支慈庵、徐素白等分别从浙江南浔、江苏苏州、武进（今常州）等地，集聚沪上，开创以留青浅刻为特色的上海竹刻。江苏刺绣名家无锡荡口人张华瑾1912年与丈夫、金石家张尉来上海，设立刺绣传习所，传艺达十年；另一刺绣名家苏州人金静芬曾得清末著名刺绣大师沈寿亲传，于

1914年来沪，先后在上海城东中学、上海创圣女子学校教绣工课；上世纪20年代，沈寿的弟子宋金龄在松筠女子职业学校授艺，使顾绣在上海香火延续。20年代初，天津著名艺人潘树华在上海卖艺，名盛一时。他的面人色艳而不俗，尤其讲究做工精致，当代海派面塑创始人赵阔明便是其高足。30年代，江苏盐城剪纸艺人武万恒来上海卖艺，武的剪纸花样刀法简洁、圆润流畅、图案秀逸。当代海派剪纸代表人物王子淦曾随其从艺。与武万恒同时期在上海闻名的剪纸艺人还有其堂兄武万吉、扬州剪纸艺术家张永寿的二叔张二爷、人称"剪纸大王"的王显钦等。江苏吴县艺人谢杏生1929年在上海南市四牌楼"戏衣街"拜戏装艺人黄锦荣为师，30年代为戏剧大师梅兰芳设计《贵妃醉酒》、《霸王别姬》中的宫装、斗篷、鱼鳞甲、大台幔等，一举成名。他设计的梅花图案绣球后来成为梅派艺术的标志。40年代起，谢杏生又先后为周信芳、荀慧生、尚小云、裘盛戎、马连良等京剧表演家设计戏装。之后，他又为评、川、越、豫、粤等十多个剧种设计戏装，红线女、常香玉、严凤英、徐玉兰、王文娟等名角的戏装均为他所设计。图案繁简得体，疏密有致，色彩艳而不俗，雅而传神，被誉为"海派戏装"。

在上海展露才艺的名家还有从事象牙细刻的无锡雕刻艺人薛佛影、扬州著名微雕家黄汉侯，从事瓷刻的北京著名瓷刻家陈智光，从事木雕的"雕花皇帝"的杜云松、"雕花状元"的楼水明，从事扬州漆器的镶嵌艺人乔松林、刻漆艺人张国昌等。尤值一提的是一大批紫砂名家走出宜兴乡镇，聚首上海，形成了海上紫砂制壶大师群体，陈光明、蒋彦亭、王寅春、裴石民、吴云根、汪宝根、程寿珍等，还有后来成为大师的顾景舟、蒋蓉、王石耕等，现代壶艺史上最优秀的精英在黄浦江畔书写着里程碑式的辉煌。戴国宝(1870—1927)1912年开设在城隍庙的"铁画轩"是上海最著名的紫砂陶器商号，向"铁画轩"供应素坯的不乏紫砂制壶大家，蒋彦亭、王寅春、陈光明、范大生、胡耀庭等都在其列。

* "铁画轩"紫砂壶（胡耀庭制）

* "铁画轩"制壶印鉴

　　上海在迅速成为中国的商业中心的过程中，一批新贵应运而生。这些新贵既具财力，又有玩赏收藏艺术品的雅兴，形成沪上一批底子殷实的大玩家。他们的挑剔和苛求使上海工艺美术品，尤其是专供欣赏的陈设类工艺品，必须十分精致，如象牙的细花镂空雕、玉石的精雕细刻等。是时，上海的文人墨客参与其中，使这些工艺美术作品更具内涵，更富品位，形成了既细腻又风雅的海派特点。以竹刻为例，吴昌硕、吴湖帆、江寒汀、唐云、程十发等海派画坛巨匠的介入，使海派留青竹刻明显不同于别地的匠人之作。紫砂壶艺亦然，顾景舟与吴湖帆、江寒汀、唐云等壶画相融，使紫砂作品更具海派书画韵味。

　　开埠百年大码头，各路人才云集；海纳百川大胸怀，中西文化荟萃。上海的雍容大度，使工艺美术界大师辈出、流派纷呈、佳作不断。各地的艺术家在这个"江海之通津、东南之都会"的崭新天地里，充分舒展才华，同时也为这个城市营造了海派工艺美术的云蒸霞蔚。

期待：光华闪耀，璀璨夺目

回顾1949年以后的上海工艺美术，我悲欣交集，喜忧参半。

新中国成立以后，政府对工艺美术做了一些恢复和发展工作。上海解放第三天，编结艺人冯秋萍就应邀在上海人民广播电台讲授编结工艺。1953年，何克明创作的大型灯彩《百鸟朝凤》在上海举行的华东工艺美术观摩会参展，陈毅市长观之连声称好，特地与何克明合了影，并把它选作毛泽东60寿辰贺礼。1956年3月，上海工艺美术研究室成立，著名面塑艺人赵阔明、灯彩大师何克明、象牙细刻大师薛佛影、留青竹刻代表人物支慈庵、徐素白、砚刻传人张景安、瓷刻家杨为义、绒线编结高手黄培英、冯秋萍、绒绣高手刘佩珍、高婉玉、张梅君、海派黄杨木雕始祖徐宝庆、剪纸圣手王子淦等先后受聘进入研究室从事专业创作，带徒授艺。同年6月，上海工艺美术联社的组建，使散落在社会的民间艺人基本归队，成为上海工艺美术的专业队伍。

1955年，象牙雕刻艺术家冯立锦当选市政协委员；1957年7月，第一届全国工艺美术艺人代表大会在北京开幕，上海孙天仪、赵阔明、何克明、支慈庵、薛佛影、徐宝庆等出席；1958年，面塑艺术家赵阔明当选市人大代表，象牙细刻艺术家薛佛影当选市政协委员；1959年，玉雕艺术家魏正荣当选为全国先进生产者，出席全国"群英会"。

艺人们社会地位的提高，使他们创作热情高涨，佳作不断。孙天仪、魏正荣的玉器制作，器形典雅端庄，纹饰精致古朴，开创了海派玉器的独特风格。冯立锦创立的上海象牙细花镂空雕独树一帜，为中国现代牙雕三大流派中不可或缺的一支。海派黄杨木雕创始人徐宝庆创作的现代题材木雕作品，奏刀爽利，作品形象生动，大型香樟木组雕《农林牧副渔》靓丽展列在北京人大会堂。上海绒绣刘佩珍、高婉玉、张梅君把原来只能绣制色彩单调的日用品,提升为表现力丰富多彩的艺术欣赏品。"面人大王"赵阔明创作了大量优秀作品,人物逼真、形象,并成功地解决了面塑防裂、防蛀、防霉结症。"江南灯王"何克明所独创的"立体动物灯彩"造型如同雕塑,五彩缤纷,金碧辉煌。剪纸艺人王子淦将南、北方剪纸特点融为一体,形成简练夸张、线条流畅、装饰性强的海派风格。竹刻艺人支慈庵、徐素白也是佳作连连,作品均被中国工艺美术馆收藏。砚刻艺人张景安、象牙细刻艺人薛佛影、瓷刻艺人杨为义等也纷纷以自己的佳作书写着这一时期上海工艺美术的灿烂篇章。

1966年1月,首届上海市工艺美术展览会在上海展览馆举办,1 800余件工艺美术珍品参展,充分展示了新中国成立以后上海工艺美术的成果,盛况空前。

如果把这次上海工艺美术展比作一次音乐会,那么就在它刚刚谢幕之后,观众还没散尽,剧场便被狂暴袭击,天昏地暗,工艺美术的乐曲在此后的许多年里不再激越昂扬,不再悠扬悦耳。

我在工艺美术的天地里徜徉,令人眼花缭乱的时空之旅在1966年停格。王子淦那把锃亮剪刀不再灵巧地转动,面对前往农村插队的儿子,他

﹡ 王子淦专用剪刀

以这把创作过许多精品的剪刀相赠,却被儿子拒绝;徐素白面对心爱的竹刻作品拓片不知所措,弃之于心难舍,留之怕成祸害,只得忍痛将其中一部分付之一炬;徐宝庆被逐出上海工艺美术研究室,退守至9平方米的陋室,在工厂一天劳累之余,用颤颤巍巍的手拿起陪伴他大半人生的刻刀,试图剔去周边的黑暗……

1966年以后,上海工艺美术遭受前所未有的严重破坏,传统工艺品一律是"四旧"而遭禁锢。上海工艺美术研究室被撤消,人员解散,老艺人被迫退休,有的被打成"反动权威"、"现行反革命",遭到无数次批斗,惨不忍睹。以培养新人为己任的上海市工艺美术学校也被戴上所谓"修正主义教育路线"的冠盖而遭停办。

工艺美术界一片萧瑟。

一切难以置信,却确确实实发生在这个五千年文明古国的土地上。

1976年,旷世闹剧终于结束。以后,上海工艺美术界一批著名老艺人恢复了创作活动。张勇涛、赵阔明、何克明、高婉玉、张梅君、徐宝庆、薛佛影、王子淦等老一辈艺人在各自领域都有新的建树,一批年富力强的中年艺人逐渐成为中坚,新人脱颖而出。

在第一届全国工艺美术艺人代表大会召开22年之后,1979年8月,第二届全国工艺美术艺人代表大会在北京召开,预示着上海乃至全国的工艺美术在蒙遭十年浩劫之后的复苏。

值得一提的是上海金山农民画。1980年4月,《上海金山农民画展》在北京中国美术馆拉开帷幕,色彩明快、构图夸张、散发着浓郁的乡土气息的农民画吸引了每一位参观者的眼球,让世人所震惊。金山农民画从此登上大雅之堂,美名传遍了大江南北,成了当代中国民间美术的一朵艳丽奇葩。金山农民画先后在加拿大、芬兰、比利时、日本、南斯拉夫、澳大利亚、德国、美国、荷兰、瑞士等国展出,并被国外艺术博物馆和个人收藏。

在国内则被中国美术馆和中国民间艺术博物馆等国家艺术单位收藏。

世纪交替之际，在迅速发展的经济面前，传统文化一度仍被急功近利的地方官员所忽视。一些优秀的传统文化也曾濒临绝境，物质的、非物质的似都难以幸免。曾几何时，属于中国的端午祭被别国列为世界非物质文化遗产；曾几何时，阮仪三为平遥、为周庄古镇历史风貌不被破坏奔走呼喊，甚至要躺在推土机前。我在向阮仪三、还有更早一些的梁思诚们致敬的同时，深感知识分子的孱弱和无奈。我所居住的古镇说来也是个人文荟萃之地，短短的一条西大街竟可列出40多个值得保留的历史建筑，其中有著名外交家顾维钧的古居、宗祠，有上海市郊仅存的"状元府"，有明代的古桥……然而，本世纪初，房地产商的推土机堂堂皇皇地开了进来，任有识之士竭尽所能呼吁保护，仍无济于事，顾家宗祠照样化为废墟。

工艺美术领域亦然。由于种种原因，有的传统绝技已悄然失传或后继无人。起源于明代的嘉定竹刻，曾几何时只留下一人在宋代法华塔下孤苦守望，薪火难传；起源于明代的露香园顾绣，从业者也曾寥若晨星；耄耋老人高式熊怀揣鲁庵印泥秘方，四处奔走，想捐出秘方，却都不以为然；起源于安亭的蓝印花布（**药斑布**）印染工艺1966年在当地消失以后，至今仍找不出一个真正的传人……举步维艰之际，党和国家不失时机地提出科学发展观的远见卓识，不得不让人重新认识并重视传统文化，这就出现了本篇开头所写的许多事例。尤其是2006年国务院公布第一批国家级非物质文化遗产名录起，让所有关注中国传统文化的国人由衷欣喜。

中国传统的工艺美术享誉世界，海派工艺美术更是其中绚丽多彩的一支，历来受海内外爱好者关注和青睐。2010年上海世博会的召开，将为海派工艺美术提供了充分展示其魅力的舞台和窗口，我相信上海工艺美术界必定会抓住这一良好机遇，以饱含海派文化无穷韵味的各类奇珍瑰宝亮相世博，并光华闪耀，璀璨夺目。

女中神针——顾绣

顾绣享有"画绣"之誉，明代书画大家董其昌惊叹其"技至此乎，……非人力也"，文学家陈子龙也称其"天孙织锦手出现人间"。

上海老城厢露香园是顾绣的发源地。

顾绣代表人物的艺术素养和超凡技艺的完满结合，使顾绣产生了摄人心魄的独特魅力，从明代延绵至今，四百余年来丰采依旧。露香园虽已消失，但露香园诞生的这支艺术奇葩却在松江依然灿烂。

松江顾绣，2006年入选首批国家非物质文化遗产名录。

在松江博物馆内，我与传承四百多年的顾绣面对面，柔和的灯光下，当代顾绣传人的作品，清淡萧疏潇洒飘逸，默默地向我叙说这一精湛艺术在历史长河中的沉浮演变，更以其独特魅力显现她的典雅，预示她的蓬勃生命力和美好前景。

案前的这本《松江历史文化概述》，是我在松江采访时《松江报》总编吴纪盛赠予的。翻开那绛红色的布纹封面，阅读字里行间，我顷刻为松江的悠远历史深厚文化所迷醉。且不说昔日如雷贯耳的陆机、董其昌，也不说当代蜚声中外的施蛰存、程十发，仅松江的"衣被天下"四个字，便足以让历代文人歌咏不绝。宋代朱克柔缂丝"精巧疑鬼工"，元代黄道婆开创棉纺织新天地，如今松江绣女传承明代顾绣……绚丽多彩，让人目不暇接。

被誉为"女中神针"的顾绣，发端于上海老城厢露香园。

露香园遗韵

少年时,每次在上海老城厢的弹硌路上走街穿巷,看到路牌上"四牌楼路"、"大境阁路"、"露香园路"……我都会联想翩翩,这些地名的背后一定有着传奇故事,或豪迈或凄美或悲壮或哀艾,委婉悱恻,摄人心魄,如同一本古老的线装书,相对"十里洋场"更为悠远。

在以后的年岁里,我陆陆续续知道了这些地名背后的许多传说,果然是那么动人,那么流韵深长。露香园顾绣便是其中精彩的一阕。

明代文学家谭元春(1586—1631)在《顾绣考》中曰:"上海顾绣,女中神针也。"清代刘銮在《五石瓠》中把顾绣与宣德窑器、宜兴时大彬阴用卿紫砂壶、京师米家灯、湖州陆氏笔等并列为明朝京官和地方雅士所珍贵的宝器。同治《上海县志》将顾绣列为上海八大著名服用物产之一。明清时期,顾绣风靡大江南北,饮誉京师,声誉甚高。

顾绣享有"画绣"之誉,明代书画大家董其昌(1555—1636)惊叹其"技至此乎,……非人力也",文学家陈子龙(1608—1647)也称其"天孙织锦手出现人间"。顾绣将中国宋以来的刺绣艺术,推向新的高峰,"人争宝之"。以韩希孟为代表的顾绣传世实物,文化艺术内涵深厚,被作为文物珍品为各大博物馆所收藏。

顾绣的发源地露香园,是在万竹山居的基础上扩展的。明代道州(今湖南道县)太守顾名儒卸任归来,在上海城内西北购地建园,称"万竹山居"。此园背竹面山,轩阑通敞,东有修廊曲折而下,天上新月初升时,在此闲憩,颇具雅趣。清代文人张春华为这山居作诗曰:"甃石成台面翠峦,微风细戛玉珊珊。修廊月夜看疏影,凉送山房竹万竿。"顾名儒其弟顾名世中进士后,官至尚宝司司丞,职掌皇家的玉玺、符牌、印章之类,官衔虽不大,职责却重要。顾名世晚年归居故里,买下与万竹山居相邻的土地营造园林。相传在建园挖池时,无意中得一石,洗净后见上面镌刻元代书画大家赵孟頫的篆书"露香池"三字。顾名世喜出望外,便取园名为"露香园"。露香园建园历时10年,耗银数万两,占地40亩,在上海与豫园、日涉园合称"明代三大名园"。

明朱察卿所撰的《露香园记》描绘了园中景观:"堂之前大水可十亩,即露香池,澄泓渟澈,鱼百石不可数,间艾草饲之,振鳞捷鳍食石栏下。"园中布局以露香池为中心,四周以建筑为景:露香阁、碧漪堂、阜春山馆,分鸥亭、独莞轩、积翠冈、青莲座、大士庵等。露香池内种植红莲,花开时,池水欲赤。登上凌空腾起的分鸥亭,从亭上可赏瞰露香池,可谓是"盘纡澶漫,擅一邑之胜"。

明代文学家、史学家王世贞(1526—1590)在《游练川云间松陵诸园记》中也对露香园赞不绝口:"精巧宏丽,殆不类人工……大概慕古图画家所谓仙山楼阁者。"王世贞认为露香园是依据古画中山水楼阁所建,进入其中恍若进入蓬莱仙境。

明末,顾家颓败,露香园成了崇明水师的营地。至清初,园中只剩"古石二三,池水亩许"。鸦片战争时期,官家在露香园设火药库,1842年火药库失火爆炸,露香园被夷为一片平地,从此匿迹。

在今天的上海老城厢人民路环内、老城隍庙西北,有两条呈丁字相接的马路,名"露香园路"和"万竹街",它的周边还有青莲街、阜春街等。从这些路名中,我们仍可依稀感受到方圆之中的明代露香园、万竹山居、阜春山馆、青莲座的遗韵。1911年,在"万竹山居"旧址上,建造了"万竹小学"。蒋介石之子蒋经国、蒋纬国曾在万竹小学就读。在万竹小学就学的还有周培源、陈秋草等。这所学校现在是上海的一所实验小学。

江南多园林。上海地区现存的明清园林中,老城厢的豫园、嘉定的秋霞圃、古猗园、松江的方塔园、青浦的曲水园都很精巧秀美。露香园当年在上海老城厢与豫园、日涉园并称"三大名园",可见也不比这些江南园林逊色多少。露香园还因为它的物产闻名遐迩,"绣精墨雅芥成蔬",这是清代文人秦荣光(1841—1904)在《上海县竹枝词》中对露香园物产的高度概括。

这其中的"绣",即中国第一名绣——"顾绣"。

顾绣,明清时期曾风靡全国,堪称"无绣不姓顾"。"顾绣"几乎是当时天下刺绣之通名,以后发展起来的苏绣、湘绣、蜀绣、粤绣等,都曾得益于顾绣的技法。

顾家女子善刺绣

露香园主顾名世"性好文艺",艺术素养甚高,在他的熏陶下,顾家女眷也善丹青书画,精女红,尤擅刺绣。

据明代崇祯年间《松江县志》记载:"顾绣,斗方作花鸟,香囊做(作)人物,刻划精巧,为他郡所未有。"明代松江画派代表人物董其昌称顾绣"精工夺巧,同侪不能望其项背"。

有史可考的顾家最早的善刺绣的女子,应是顾名世的长子顾汇海之妾缪氏。缪氏善绣,不绣香囊、衣带等日用品,喜绣宋元名家书画。明崇祯年间,姜绍书在《无声诗史》中称,缪氏"刺绣人物,气韵生动,字亦有法,得其手制者,无不珍袭之。"清康熙年间,松江状元戴有祺(?—1711)在《寻乐斋诗集》中也称顾绣始于缪氏。

史料上并无多少关于缪氏的记载,历来史籍都称其佚名,生卒年月不可考。艺术鉴赏家高伯瑜(1915—1997)称,缪氏名液,苏州人,"少时寄食在田宏寓家。随其女田瑜学绣,后田瑜入宫,液每为之代绣。"也许因此话,后人中有传说缪氏的刺绣"传自内院"。

缪氏嫁入露香园后,继承宋绣技艺,并把她在娘家学得的刺绣技法大胆创新,精益求精。

我国古代刺绣以宋绣为最著名。明代屠隆(1543—1605)在《画笺》中称:"宋之闺秀书,山水人物,楼台花鸟,针线细密,不露边缝,其用绒一二丝,用针如发细者为之,故眉目毕具,绒彩夺目,而丰神宛然,设色开染,交书更佳,女红之巧,十指春风,回不可及。"

* 宋绣《瑶台跨鹤》

因此,一般闺阁中人轻易不敢效法宋绣。缪氏进入顾家后,家中珍藏的宋元名家字画以及供奉的佛像神雕等逼真形态使她视野顿时开阔。她在继承宋绣劈丝、配色和针法等优秀传统的基础上,融入自己对事物的观察和艺术感觉,创造了既富质感,又气韵生动的露香园顾绣。

缪氏能绣人物,也能绣山水、花卉,绣品形象栩栩如生,尤以佛像最受人赞赏。清代戴有祺在《寻乐斋诗集》中诗咏"缪氏绣佛":"须眉老少各不同,笑语欢然并超忽","青莲花下扬灵旗,微风过处欲飘举"。

在顾绣的发展史上,造诣最高,最具代表性的,是顾名世次孙顾寿潜之妻韩希孟(又名韩媛)。韩希孟喜爱画画,通晓国画六法:气运生动,骨法用笔,应物写形,随类敷彩,经营位置,传模移写。她所画花卉绰约有姿,艳丽多彩。韩希孟更善刺绣,自号"武陵绣史"。她将画法运用于刺绣,在针法与色彩运用上独具巧思,提高了顾绣的艺术品格,顾绣由此称"画绣"。韩希孟的丈夫顾寿潜,字旅仙,别号绣佛主人,能诗善画,是大画家董其昌的学生,对顾绣情有独钟。夫妇俩心气相投,窗前月下共同探索刺绣艺术,在继承缪氏刺绣技艺基础上大胆革新创造,使顾绣达到全新的高度。明末文学家陈子龙称赞韩希孟的作品:"若韩绣花鸟草虫,生气回动,五色烂发,即薛夜来、苏蕙兰未能妙诣至此。"

　　韩希孟所绣山水、人物、花鸟已达到"无不精妙"的程度。故宫博物院藏有她的《宋元名迹册》十余帧,其中的《葡萄松鼠图》、《洗马图》、

* 韩希孟《葡萄松鼠图》

* 韩希孟《洗马图》

《白鹿图》、《扁豆蜻蜓》等均为精品。作品让人分辨不出是绣还是画。

韩希孟的《宋元名迹册》之所以成为数百年来难得的珍品，其丈夫顾寿潜在题跋中所言极是："赝鼎余光，尤令百里地无寒女之叹。第五彩一眩，工拙亦淆。余内子希孟氏别具苦心，常嗤其太滥。"韩希孟苦心孤诣，为绣这方册，她讲究到心情不好不绣，天气不好也不绣。"风冥雨晦，弗敢从事；往往天晴雨霁，鸟悦花芬；摄取眼前灵活之气，刺入吴绫。"每幅作品"覃精运巧，寝寐经营。穷数年之心力矣。"

崇祯七年（1634）春，韩希孟的《宋元名迹册》完成后，顾寿潜十分得意，喜不自禁请人来露香园赏玩。"甲戌春……汇作方册，观者靡不舌挢手舞也。见所未曾……宗伯董师（董其昌），见而心赏之，诘余：'技至此乎'？"顾寿潜在《宋元名迹册》的题跋中，记载了此次文人雅集，可见其欣喜之心境。

韩希孟的精湛技艺深得董其昌的赞叹，董其昌在《韩希孟绣花卉虫鱼册》跋中写道："观此册，有过于黄荃父子之写生，望之似书画，当行家迫察之，乃至为女红者，人巧极天工，错奇矣！"惊叹韩氏作品气韵生动，精妙胜于书画名家。清代顺治九年进士郭棻也对《韩希孟绣花鸟册》赞不绝口："近世有苏郡顾氏出，始作画幅。凡人物、翎毛、花木、虫鱼之类，深浅浓淡，无不如意，亦无针痕缕迹，使人不辨为绣为画也。"韩希孟的刺绣作品有夺丹青之妙、享翰墨之芳之誉。

韩希孟之后，顾名世的曾孙女顾兰玉得缪氏、韩氏亲授，将顾绣技艺得以传承。顾兰玉24岁丧夫，政权的更替，家境的变迁，生活的窘迫，迫使她以女眷刺绣维持生计。顾兰玉设学馆授徒，将家传秘技无保留外传，使上海周围女子以顾绣谋生，时间长达几十年。期间，各地商人纷至沓来，高价收购顾绣作品，顾绣庄也如雨后春笋般出现，在宁、苏、杭一带风靡一时，只要说到绣品，无不称顾绣。清嘉庆《松江府志》记载，顾兰玉"工针黹，设幔授徒，女弟子咸来就学，时人亦目之为顾绣。顾绣针法外传，顾绣之名震溢天下"。

在中国千年刺绣史中，能以自己的姓氏冠名的绣艺品种可谓凤毛麟角，顾绣是其中的佼佼者。

顾绣的艺术神韵

顾绣兴盛于明末清初，是有其历史原因的。

明中晚期，朝廷宦官弄权，朋党相争，政治黑暗，统治阶层腐败昏庸。南方一些士大夫不愿卷入官宦、朋党之争，或弃官返乡，或明哲保身。仕途失意使他们爱好琴棋书画，追求高品位的闲雅生活，以此获取精神上的慰藉，"以耽情诗酒为高致，以书画弹棋为闲雅，以禽鱼竹石为清逸"。顾绣正是在这种社会背景下脱颖而出。它以精妙的刺绣手法，表现宋、元时期字画的神韵，其高洁的艺术品位，为文人士大夫所追求，顺应了时代的需要，从而使顾绣艺术誉满大江南北。顾绣因其独特的艺术神韵被誉为"丝中昆曲"。

顾绣的艺术神韵首先因为它是画绣。

顾绣之所以能在浩如烟海的中国刺绣艺术史上占有重要一席，与刺绣者的文化素养和艺术造诣密切相关。顾绣是绣艺与文人画结合的产物。绣者懂画、会画，画意绣理结合，相得益彰。

韩希孟是顾绣中最具代表性的杰出人物。她在绘画上的造诣以及对画中内涵的领悟，为她将画意融入刺绣艺术之中，创作出精美绣品奠定了基础。

创作一幅优秀的顾绣作品，选择题材至关重要。明后期画坛以模拟古人为风尚，顾氏家眷在风靡当时江南的松江画派画风的熏陶影响下，选择高雅的著名画作为蓝本，使顾绣佳作连连，为世人交口称誉。韩希孟搜访宋元名迹，摹临宋元大家画作，历经数年，汇成《宋元名迹册》，就是最为典型的事例。韩希孟的《洗马图》仿赵孟𫖯风格，《女后图》摹宋画风格，《米画山水图》仿米芾笔法，《花溪渔隐图》仿元代王蒙笔法……《白鹿图》、《松鹤图》、《群鱼戏藻》、《喜庆新岁》等作品亦皆有清新奇妙意境的图画真迹。

中国刺绣分为欣赏绣和实用绣两大类，顾绣便是出于大家闺秀的纯粹的欣赏品。欣赏绣起源于宋代，当时皇宫内设文绣院，掌管刺绣。宋徽宗时，皇宫设立绣画专科，汇集全国各地绣工以工笔花鸟为蓝本进行刺绣，并运用各种针法极力模仿绘画的笔墨技巧。董其昌在《筠清轩秘录》

* 韩希孟《米画山水图》

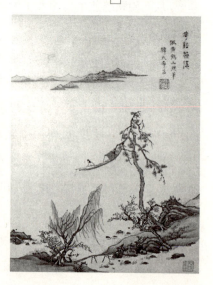

* 韩希孟《花溪渔隐图》

中曾赞美此种画绣："宋人之绣，针线细密，用绒止一、二丝，用针如发细者为之；设色精妙，光彩射目。山水分远近之趣，楼阁得深邃之体，人物具有瞻眺生动之情，花鸟及绰约之态；佳者较画更胜。望之三趣具备，十指春风，盖至此乎？"

顾绣亦绣亦画，画绣结合，继承了宋绣的特点。徐蔚南在《顾绣考》中所记"故世被称顾绣之巧，谓为写生如画，他处所无，名之曰画绣。"这正是顾绣最为独特之处。顾绣有时先在底面上施以墨彩，再绣边线表现物体形象；有时则在绣品上加画，所谓"以针代笔，勾画自如，凡笔之不足，则针能独到，以线代墨，点染浑成，凡墨有晕缺，则线能补齐"。以韩希孟《宋元名迹册》为例，韩希孟将传统针法与绘画笔法、技巧有机结合，以针代笔，使绣品艺术能依绘画"六法"的变化，显现其丰富多样性。

顾绣的艺术神韵是由其独具特色的丰富针法来表现的。

顾绣针法随题材而变，表现力强。据《顾绣考》所载："露香园顾绣，据称得之内院，其擘丝细过与，而针如毫，配色则有秘传，故能点染成文，不特羽毛花卉，巧夺天工，而山水人物无不逼肖活现。"顾绣擘出细于头发的彩丝，运用如毫细针，以繁复多变的针法，表达画者的风格。顾绣常用有齐针、套针、抢针、摘针、花针、铺针、虚实针、刻鳞针、披扣针、打子针、别梗针等数十种针法，多变的刺绣针法，使作品中无论人物、花鸟、山水、草虫都生机盎然。针脚细腻，以致无针痕缕迹，使人难辨其是画还是绣。如韩希孟的《葡萄松鼠图》中用"极细的水路套针分茎，以符合叶脉生长的形态"；并采用花绞线用套针绣制松鼠的茸毛，借助丝线光泽的变化，使松鼠茸毛蓬松、光亮，给人以灵动之感；葡萄藤叶枝干，均饰以外轮廓线，使画面更显立体感，达到绘画所不能的艺术效果。韩希孟在《米画山水图》中，用套针、斜缠针等不同针法，在高33厘米、宽25厘米的白色绫地上，根据近水远山的透视关系，表现出山水云天虚无缥缈、似有若无的意境，描绘了一幅云雾飘袅、渔帆点点的江南山水画。

顾绣的艺术神韵与她的独到的配色艺术也密不可分。

为使绣品古朴雅致、艳而不俗，顾绣的花线色彩有千余种之多。据崇祯年间《松江府志》记载："初有大红、桃红、出炉银红、藕色红，今为水红、金红、荔枝红、橘皮红、东方色红。初为沉绿、柏绿、油绿，今为水绿、豆绿、蓝色绿。初为竹根青翠蓝，今为天蓝、玉色月色浅蓝。初有丁香、茶褐色、酱色，今为墨色、米色、鹰色、沉香色、莲子色。初有缁皂色，今有铁色、玄色。初有姜黄色，今为鹅子黄、松花黄。初有大紫，今为葡萄紫。"这些五彩缤纷、琳琅满目的丝线，为顾绣提供了丰富的色彩基础。顾绣将如此多彩的色线劈成细于发的丝线，最细的一根可劈成丝线的1/48，用针如毫，针孔长仅0.35毫米，宽0.2毫米，无针孔痕迹，使绣品薄平如纸，深浅浓淡晕染自然，给人以不是图画胜似图画的艺术美感。顾绣间色晕色、补色套色，采用正色之外的种种中间色线，更形象地表现山水人物、虫鱼花鸟，使作品产生了层次丰富的色彩效果。韩希孟刺绣的《葡萄松鼠图》可谓成功运色的典范。松鼠茂密蓬松的茸毛、活泼灵巧的身姿、炯炯有神的眼睛、垂涎欲滴的神态和松鼠的警觉机敏，在多变的针法和缤纷的色泽中，被刻画得妙趣天成。绿坡的草苔、藤蔓的纹理、扭曲的枝干，甚至葡萄被虫蛀的藤叶都在刺绣中被表现得形态逼真。韩希孟以她对色彩神奇感觉，巧妙地用深绿、浅绿，深黄、浅黄，深蓝、浅蓝，月白和赭石色，大胆地将反差明显的颜色结合使用，如：把葡萄设色为蓝和赭石色，这两种对比色相互结合，借助长短参差的套针刺绣，充分地表现出颗颗饱满的葡萄不同成熟度的质感。

此外，为了表现顾绣的艺术神韵，在刺绣用料上也不拘成法。除蚕丝外，顾绣还用头发、马鬃、鸡尾毛和扁金线等材料，以求作品逼真韵致。发绣又称墨绣，是用人的头发代替绣线刺绣，中国古代在南宋已有此工艺。

据朱启钤《存素堂丝绣录》和徐蔚南《顾绣考》介绍，明代顾绣深得"唐宋发绣之真传"。顾寿潜在题韩希孟发绣作品时，称赞韩希孟的发绣技艺"兹本发绣极工，人物眉目悬针，衣纹丝丝有笔，可为后学模楷。"现藏辽宁省博物馆的明顾绣《七襄楼发绣人物图轴》即是韩希孟发绣精品，画幅中人物线条细若游丝，了无绣迹，巧夺天工。

顾绣"古来一技神绝"，绣品费工费时量少质高，一幅作品往往要历数年才完成。当时的绣品属士大夫、文人雅士欣赏馈赠之物，韩希孟的刺绣在当时得到董其昌等著名艺术大家的赞赏，被称为"韩媛绣"，为世所珍。

"风格典雅、色泽古朴、亦画亦绣、有如晕染、气韵生动、自然浑成。"当代顾绣传人戴明教归纳的二十四个字，是对顾绣艺术特点透彻概括。

顾绣代表人物的艺术素养和超凡技艺的完满结合，使顾绣产生了摄人心魄的独特魅力，从明代延绵至今，四百余年来丰采依旧。

露香园虽已消失，但露香园诞生的这支艺术奇葩在松江却依然灿烂。

珍贵的顾绣藏品

四百多年来，顾绣历经岁月沧桑流传下来的作品，堪称艺术奇葩。

北京故宫博物院所藏有：明韩希孟绣的《宋元名迹册》、明顾绣《十六应真册》，明末清初的顾绣《罗汉朝观音图轴》、《相国逍遥图轴》、《五十三参图册》，清康熙、乾隆年的顾绣《竹林七贤图轴》、《围猎图轴》、《猎鹰图轴》、《一鹭芙蓉图》、《渔樵耕读图轴》、《觅药图轴》、《金刚经塔轴》、《花鸟草虫图册》等。

辽宁省博物馆收藏的韩希孟顾绣几乎每件都是精品，艺术水平极高。这些顾绣多系北洋军阀时期以收藏织绣闻名的政界名士朱启钤的藏品，

千年俗竹座氣
新七士诗书遠真

* 清代顾绣《竹林七贤图轴》

并被朱启钤的著作《存素堂丝绣录》所记载，如韩希孟绣《七襄楼发绣人物图》、《董题弥勒佛像图》、《花鸟图屏》、《花鸟册》、明顾绣《射猎图》、《芙蓉翠鸟》等。

上海博物馆收藏有传世顾绣最早的作品：《东山图》，有专家认为是缪氏于崇祯五年（1632年）所绣制，有董其昌题款。藏于上海博物馆的韩希孟在明崇祯十四年(1641年)所绣的《花卉虫鱼册》,《湖石花蝶》、《络纬鸣秋》、《游鱼》和《藻虾图》等四幅绣品极为精美。

台北故宫博物院藏有明顾绣《八仙庆寿屏》、清顾绣《桂子天香图轴》等。

南京博物院藏有明顾绣《南极呈祥图》。

苏州博物馆藏明顾绣《杏花村》、清顾绣《十八罗汉册》。

* 韩希孟《湖石花蝶图》

* 韩希孟《藻虾图》

镇江博物馆收藏有清顾绣《鹤衔灵芝图轴》。

当今各大博物馆所珍藏的昔日顾绣作品,已成为十分珍贵的文物。

松江博物馆所藏顾绣,虽无历史遗珍,但源自松江当代艺人的作品也件件精湛。如戴明教绣制的《仕女图》,戴明教等监制、朱庆华、富永萍等绣制的仿元赵孟頫《吴兴清远图》和仿董其昌书法《颂韩媛顾绣款》,吴铁华设计、钱月芳、张达华等绣制的《布袋和尚》、《竹马欢颜》、《猴子捞月》,刘建民设计、富永萍、高秀芳、吴树新等绣制的《双鹤图》、《竹雀图》、《六尊者像》等,色线之间流淌着典雅的遗韵。

* 明顾绣《杏花村》

顾绣作品近些年也在市场上频频亮相。在2005年中国嘉德举办的"锦绣绚丽巧天工——耕织堂藏中国丝织艺术品"春拍会上,参拍的顾绣有明韩希孟绣《花鸟册页》(八开)、明《松鹿图》、《焚香祷月图》、《群仙祝寿图》、《君臣图》、《出相图》、《四季花鸟图四屏》(四屏)等多幅精品,其中明代韩希孟绣《花鸟册页》以165万元成交,张学良将军定远斋旧藏的《君臣图》和《出相图》分别以77万元和44万元成交。尽管其成交价与书画、陶瓷等热点藏品相比,算不上令人咋舌,但已显现投资者对顾绣的青睐。

顾绣的传承

清末，顾家日趋颓衰，逐以女眷刺绣维持生计。自此顾绣由闺阁女红转向作坊商品绣，众多的绣品涌向市场。绣庄生产的绣品，毕竟不同于闺阁刺绣，虽然都是手工制作，但因绣品需求的对象和绣女追求的目的不同，那时的绣品虽有艺术品，但更多的却已沦为商品，艺人同时成了匠人。

顾绣的商品化，一方面使顾绣技艺在民间广为传播，为大众所掌握；然而正因为这种大众化，以至后来绣庄泛滥，仿作遍地，使原本为艺术品的顾绣不可避免地从高雅走向低俗。此时的顾绣，虽继续保持着以针代笔、以线代墨，绣画结合的风格，但无论是刺绣蓝本的选择还是绣工和色彩的搭配，与早期作品相比都不可同日而语。露香园顾绣逐趋湮没。

前不久，笔者在浦东三林的地方史志上读到：清康熙年间，书家张集时住三林，见顾兰玉因夫君张来英年早逝年轻守寡，家境清寒，心生照顾之意。顾兰玉寄住张集居所"念祖堂"，在"念祖堂"后西斋"静心多妙"室广招弟子，传授顾绣技艺。顾绣在三林传播，日后逐演变为三林刺绣。

据《松江历史文化概述》记载，顾兰玉离开三林后，流落松江民间，定居于松江秀野桥西畔，年七十而卒。

清道光年间出生的松江人丁佩对顾绣的传承和弘扬也作出了卓越贡献。丁佩精于刺绣，通于画理，其著作《绣谱》对顾绣的制作、鉴赏，作了精辟的阐述和概括，被称作中国第一部刺绣文化专著。以后世人品评顾绣艺术，皆以《绣谱》为准绳，丁佩也由此被誉为对顾绣"心知其妙而能言其所妙者"。

顾绣的影响波及江南苏、宁、杭地区。1914年，近代实业家张謇在江苏南通创办女红传习所。苏州沈寿应聘来到南通，担任了所长兼教习，传习所第一期招生二十余人，以后逐年增加，学制也逐渐完善。沈寿在南通

"授绣八年，勤诲无倦"（张謇语），1915年，巴拿马万国博览会上，沈寿的顾绣珍品《耶苏像》被中国政府送展后，荣获金奖。

顾绣辐射江南苏、宁、杭地区，又反哺松江，上世纪20年代，松江妙严寺塔旁，慈善机构"全节堂"开设松筠女子职业学校，从小学一年级到初中三年级均设"女子刺绣班"，还专门请了沈寿的弟子宋金龄授艺。班上有一个名叫戴明教的13岁女孩。正是她，后来成为新中国顾绣的第一代传人。

戴明教在松筠女校学习了九年，半学文化，半学顾绣，特别学习了素描、色彩、写生等美术绘画专业的基础课，为其日后在绣艺上能够达到画绣一体的艺术境界打下了基础。

上世纪30年代，松筠女子职业学校毁于日军侵华战火，学校南迁，刺绣班被迫解散。但女校已有100多名女生毕业，戴明教们接薪传火，肩负着顾绣发展史上的重要传递。松筠女校开办时间不长，却为顾绣艺术的传承奠定了基础。

1972年，在国家领导人关于挖掘、发展中国传统工艺美术品的指示

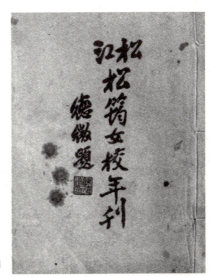

* 松筠女校年刊

＊ 戴明教授徒传艺

下，松江工艺品厂聘请戴明教授徒传艺，恢复顾绣生产，使顾绣在松江重新问世。那时的松江顾绣作品以馈赠国际友人为目的。据《松江县工业志》记载，当年松江工艺品厂戴明教口传身教，培养了十多位弟子，创作的500多幅作品远销24个国家和地区。

1988年，松江工艺品厂破产。在当地政府的协调下，保留的顾绣车间并转到经济效益较好的松江电子仪器厂。庆幸的是绣娘们遇到了一个好厂长郑大膺。郑大膺的外公是南社社员姚鹓雏，与柳亚子、邓散木、黄宾虹、丰子恺、沈尹默等一代名流过从甚密，互有酬唱。传统学养深厚的郑大膺让钱月芳等8位顾绣艺人得以继续从事顾绣创作的安定环境，顾绣艺术的脉息得以延绵。

获得新生的松江顾绣延续和发扬着传统顾绣的艺术特色。新一代的绣工都经过绘画和色彩的培训，每绣一件作品都配备专业画师选描画本，以保持画绣特点。

1989年5月，松江博物馆举办"顾绣艺术展"，向世人介绍顾绣的历史和新生。展览中展出了大量新作，尤其是精彩的现场表演让所有关注顾绣传承的人士感到欣慰。《顾绣艺术展》后，新创作的《仿赵孟頫吴兴清远图》、《仿倪瓒渔庄秋霁图》、《日本仕女图》、双面绣《群鱼戏藻图》、

《董其昌颂韩希孟绣款》等11幅顾绣精品被松江博物馆收藏。其中，戴明教执针精绣的《日本仕女图》，用针、用线、用色更是严谨考究，功力非凡。朱庆华、高秀芳等数名顾绣新秀耗时350天合作的《仿赵孟頫吴兴清远图》，采用了单接、虚实、齐针、施针等针法，既传统，又创新，各种针法与笔意画境融为一体，巧妙运用丝线不同排列呈现出不同的光感效果，使画面光色随动随变、变幻莫测。江南山水的灵秀飘逸在作品中充满韵味。

1991年，年届70高龄的戴明教，终因眼力不济而退休在家，她发展了顾绣中的新品种——双面绣，还专门口述了"顾绣针法"，请儿子将她的口传整理记录成《顾绣针法初探》文稿。

名师出高徒，当年戴明教带出的新人事业有成，时至今日，其中一部分人仍在孜孜不倦地从事绣艺，钱月芳就是其中的佼佼者。

从1972年起，钱月芳就立下誓愿，要把顾绣作为毕生的事业，在绣架前，她一坐就37年。如今，她是上海工艺美术大师、上海松江顾绣研究所副所长。笔者第一次见到她是在今年国庆的上海民族民俗民间文化博览会上。那天，东亚展览馆展现了上海乃至全国各地的民俗瑰宝，笔者风尘仆仆赶至现场，上海的几个非物质文化遗产展台，有的无人接待，有的仅

＊采访钱月芳

以几个学生敷衍，唯钱月芳静静地坐在顾绣展区，微笑着迎接四方来宾。我问："你就是钱月芳？"她笑笑："是啊！"对比别的展台，我有点感动，作为大师她依然那么平淡、质朴，这本就不易。聊了几句后，我说过几天我到松江再来采访。几天后，我在佘山脚下见到她时，她正指导着更年轻姑娘们，绣花架旁，放着古代画家的山水花鸟图样，循循善诱，不厌其烦，工笔、写意、笔触、墨韵、层次感……顾绣仍沿袭画绣的路发展着。

我与钱月芳言谈之间，得知她仍身居简室，布衣淡饭依然清贫，我不由更为她的淡泊心生敬意。她说她舍弃一切，就因为太喜欢太喜欢顾绣了。

薪火相传，顾绣将因为钱月芳她们和更年轻的当代绣女而继续发展，生生不息。

在松江博物馆内，我与传承四百多年的顾绣面对面，柔和的灯光下，当代顾绣传人的作品，清淡萧疏潇洒飘逸，默默地向我叙说这一精湛艺术在历史长河中的沉浮演变，更以其独特魅力显现她的典雅，预示她的蓬勃生命力和美好前景。

竹间雅韵

生生不息，代代相传，嘉定竹人以生命抒写着竹刻艺术的瑰丽和灿烂。

朱松邻开创的嘉定竹刻，名声却超越了他的先祖居地徽州，成为中华竹雕的代表性流派之一。究其缘由，我以为就因嘉定竹刻中的文人雅士风韵。

嘉定多文人。嘉定文人把他们非凡才情倾泻在竹篁之间，嘉定成了滋养竹刻艺术的沃土。

文人的参与，使嘉定竹刻雅韵流淌。

嘉定竹刻，2006年入选首批国家非物质文化遗产名录。

2007年底嘉定建立了我国首座竹刻博物馆，但愿这座由王世襄老人题名的竹刻博物馆在古城的崛起，是古老的嘉定竹刻艺术振翅欲飞的象征。

在文人和雅士的眼中，竹是高洁和风雅的象征。在纸张问世之前，竹简上镌刻的文字和图纹，可谓是最早的竹刻作品了。南朝梁人萧子显的《南齐书》最早记载了圆雕竹刻作品——齐高帝赐予隐士明僧绍的竹雕如意。到了唐宋两代，竹刻范围逐渐扩大，既运用于各种实用的物件上，更多的则供人欣赏，成为独特的艺术品。北宋郭若虚著《图画见闻志》记载："唐德州刺史王倚，家有笔一管，稍粗于常用"，中间刻《从军行》诗画一幅，"人马毛发，亭台远水，无不精绝。"可见，早在千年之前，竹刻工艺已相当高超。

竹刻艺术至明代中期趋于成熟，嘉定是当年最主要的竹刻中心，"嘉定派"和"金陵派"是当年最主要的两大竹刻流派。

竹刻史上的嘉定派

以朱鹤（松邻）及其子缨（小松）、其孙稚征（三松）为代表的嘉定竹人以刀代笔，将书、画、诗、文、印诸种艺术融为一体，赋予竹以新的生命，使竹刻作品具备浓郁的书卷气、金石味，雅韵流淌，为历代文人雅玩。嘉定竹刻的品种有笔筒、香薰、臂搁、插屏、抱对等，也有以竹根刻成的人物、山水、草木、走兽等，形制多为文人所喜爱。嘉定竹刻的技法包括浅刻、深刻、薄地阳文、浅浮雕、深浮雕、透雕、圆刻等十余种，明显的地域风格和原创性，使其极具审美价值。

嘉定竹刻之父朱鹤（生卒年不详），字子鸣，号松邻，通古篆、善治印，长于诗文书画，在竹刻制作中富有创造精神，其作品在当时就极珍贵。"所制簪匦，世人宝之，几于法物，得其间者，不以器名，直名之曰朱松邻云"。清大学者王鸣盛诗称"玉人云鬟堆鸦处，斜插朱松邻一枝"。清赵昕称他运用镂空深刻透雕"窿隆浅深，可五、六层"，在寸竹之间作山水人物、楼台鸟兽，无不因势形象，出人意表。清宋宛对其作品也赞美不已："练川朱生称绝能，昆刀善刻琅玗青，仙翁对弈辨毫发，美人徙倚何娉婷，石壁巉岩入烟雾，涧水松风似可听……"乾隆帝为他的《西园雅集图笔筒》题词："高技必应论高士，传形莫若善传神。"可见朱松邻刻竹技艺之不凡。他的作品有笔筒、竹罂、竹簪、臂搁、佛像等多种，但传世的并不多见，南京博物院和上海博物馆分别藏有他的《深浮雕松鹤笔筒》和《古木寒山图轴》。

松邻子朱缨（1520—1587），号小松，年少时就多才多艺，其诗"风流洒落，任意抒写"，字画俱佳。小松的竹刻深得其父精巧构思，又求制作精臻，作品中山水云树宛若天工，仕女佛像有唐吴道子遗风。清人苏渊曾在《嚜城赋》中高度赞美了小松的作品："畸人逸士，镂削尺管，随色象类，悉

* 朱松邻《深浮雕松鹤笔筒》

* 朱小松《刘阮入天台香薰》

中其窥，鸟欲舒翼，花欲舞风，人则瞪目而衣举，虫则昂股而气雄，始之者小松。"1966年，宝山顾村朱守诚墓出土了小松的《刘阮入天台香薰》是他的代表作。《刘阮入天台香薰》，所刻内容为东汉时刘晨与阮肇采药天台山迷路遇仙女，在仙境乐不思蜀流连忘返的神话故事。朱小松运用透雕、深浮雕，兼以平雕、留青和镶嵌，将人物刻划得栩栩如生，山石树木禽兽精细入微，作品仿佛天工，无论内容构思、审美情趣还是运刀技法，都显示了朱小松不同凡响的学养和造诣。此件艺术珍品今为上海博物馆收藏。

松邻孙朱稚征，号三松，将父辈祖辈的刻竹技艺又推进一步。清人陆廷灿曾在《南村随笔》中说："嘉城竹刻自明正嘉间高人朱松邻创为之，……至其孙三松稚征而技臻绝妙。"三松每刻一件须反复揣摩斟酌，精心雕刻历时数月，如有人催之，其曰："我岂牟利者耶？"三松的竹刻作品，"见者情惬，则任其携去勿惜；意所不属，遗以多金弗顾也"。清嘉庆帝对三松所刻笔筒很是推崇，曾题词"传神只作萧疏笔，经久由来以朴存"。今中国历史博物馆所藏《饮中八仙笔筒》、故宫博物院所藏《清溪泛舟笔筒》、台北故宫博物院所藏《仕女窥简笔筒》等都为传神之艺术珍品。

* 朱三松《仕女窥简笔筒》

明代著名的嘉定竹人还有朱稚美、李流芳、秦一爵、侯崤曾、沈大生、沈汉川、沈兼、沈尔望、张应尧、潘之玮等，他们递相师授，承袭"朱氏三松"之精髓，形成了名垂中华竹刻史的嘉定派。

生生不息，嘉定竹刻灿烂若花

嘉定竹刻在清代康熙、雍正、乾隆、嘉庆年间进入了全盛时期，其间的大家有吴之璠、封氏兄弟、顾珏、周芷岩、周笠、施天章等，嘉定竹刻由于他们的继承和创新，灿烂如花。

乾隆年间，落款"槎溪吴鲁珍"的竹刻作品传入皇宫，乾隆帝爱不释手，问侍臣："'鲁珍'是谁？"侍臣们无以对答，于是派人查遍书典，终于从康熙年间陆廷灿的《南村随笔》中知道"鲁珍"即南翔竹刻名家吴之璠（1662—1722），字鲁珍，号东海道人。乾隆十分推崇吴之璠的作品，欣喜之余，亲自写诗称誉吴之璠，并命工匠刻于吴之璠作品："刻竹由来称鲁珍，藏锋写像传有神。技哉刀笔精神可，于吏吾当斥此人。"

由于乾隆帝的推崇，一股"吴之璠热"在朝野上下掀起。吴之璠早年师法"嘉定三朱"，多用深浮雕或透雕，晚年仿洛阳龙门浅浮雕，开创薄地阳文刻竹，所雕花纹突起高度低于朱氏高浮雕，以此表现肌理骨肉，深浅透视，使之凹凸起伏更加得当，层次更加丰富。此法一经问世，受到世人赞誉，并为木雕、玉雕、牙雕、以至制墨、刻砚等工艺所吸收，对雕刻艺术产生了广泛的影响。

吴之璠的另一手法，即所刻事物往往只占全器局部，其余都刮及竹理，显出朴质的竹丝素地，留白多而宾主分明，布局疏密有序。此法不同于明代深刻透雕花纹布满全身器物，文人画的气息因此而更为浓郁，出世脱俗，获得了极佳的艺术效果。吴之璠喜用文学故事为题材，如三国时期的大乔和小乔、《聊斋志异》中的王君诵等。《竹人录》称吴的作品"精细得神，最为工绝，为识者所珍奉"。

吴之璠的作品今存世不多，上海博物馆收藏的《二乔并读图笔筒》、嘉定博物馆收藏的浅浮雕《布袋和尚笔筒》以及北京故宫博物院收藏的黄杨笔筒《东山报捷图》等均是其代表作，件件堪称珍宝。吴之璠在处理浅浮雕《布袋和尚笔筒》表面时布局得体，他极巧妙地将笑容满面、憨态可掬的弥勒佛置于以圆为主要表现形式的布袋中间，精心雕琢弥勒的脸部、腹部、手中所持的佛珠及部分衣纹，此外吴之璠都略加勾勒，作品显得虚实有序。

* 吴之璠《二乔并读图笔筒》

* 吴之璠《布袋和尚笔筒》

　　吴之璠的代表作《二乔并读图笔筒》构思妙不可言，他用高浮雕的技法，把大乔、小乔咏赏《铜雀台赋》的神态刻画得楚楚动人。两位窈窕女子，凤目小口，秀美娇小，一坐榻前凳上阅读，右手支颐，左手指点几上书卷，右腿搭在左腿上，衣带飘袅，神态专注；一倚坐榻上一端，右手执纨扇，身子向左方稍倾，注视书卷，似在评点。姐妹共读佳作，像在娓娓而谈，又像在研讨、赏析，人物形象呼之欲出，精美优雅。吴之璠还善营造氛围，插花瓷瓶、线装古籍、青铜香炉等摆设使环境书卷气。

　　吴之璠还善木雕，他的黄杨木雕笔筒《东山报捷图》反映的也是历史故事，作品不正面表现淝水激战，舍去激战场面，以报捷快骑与相府棋枰前谢安的从容自信构图，构思极巧，水平极高，内蕴极丰富，为学识浅薄者永远无法企及。乾隆在筒壁上题诗，既谈及谢安轶事，又赞扬吴之璠精湛技艺。

吴之璠生于清康熙初年,死于康熙末年,一生纵贯康熙一朝。

康熙年间,嘉定马陆封氏竹刻家族,有十几名以竹刻圆雕人物为主的高手,其中,以封锡爵、封锡禄、封锡璋兄弟三人的成就最高,号称"三鼎足"。老二封锡禄精于竹根人物,人称"竹刻王"。

康熙四十二年,康熙帝第四次南巡,在苏州看到封氏兄弟的圆雕作品,爱不释手,便下诏封锡禄、封锡璋兄弟入京,专为皇室制艺,从此,封氏弟兄的名声更为响亮。

封锡禄的竹刻作品存世不多,上海博物馆藏有他的《竹根罗汉》,堪称圆雕精品。罗汉敞口上衣,斜依山石,双手作伸展状,两肩微耸,气度高昂,罗汉的脚趾处理极细致。《竹人录》中记载,封锡禄还善刻核桃舟,大不过两指甲,中坐三人,衣袍多髯,坐着倚窗外望者为苏东坡,穿着禅家衣冠对苏东坡而俯几者为梵僧,少年对面有吹洞箫者。船上共有四扇窗,各有枢可以开关。船首两人,一老皤腹匡坐,左右各有酒具。船尾一人,执

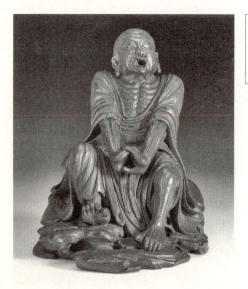

* 封锡禄《竹根罗汉》

扇烹茶，茶炉腹有一孔，炉上茶壶有嘴有柄。船尾刻《赤壁赋》中的"纵一苇之所如，凌万顷之茫然"两行小字。封锡禄所刻核舟堪称超微型工艺精品。

封锡禄的兄长封锡爵也是竹刻高手，工诗善画，是封氏圆雕作品的创始人。封锡禄弟封锡璋，曾随封锡禄入内廷供奉，也是当时的竹刻高手。

封氏族中女子也能刻竹，有位姑娘刻成的蟾蜍，小巧玲珑，生动非凡。她制作的物件常能易银一两，见者争相购买。嘉庆时有位读书人向她索购，数年之后才得到，如获至宝。《竹人录》赞道："每于绿荷亭畔，时出展现，觉粉香脂腻，犹缭绕于手腕间。"

康熙年间，封氏中除封锡禄、封锡璋兄弟入京为皇室制艺外，封始岐、封始镐也以其高超刻竹技艺入清宫鬻艺养亲。

周颢是乾隆年间嘉定竹刻的代表人物。周颢（1685—1773），字晋瞻，号芷岩，生于康熙二十四年（1685），书画诗文俱精。周颢自幼学画，曾师从虞山派大画家王翚，颇得其真传。钱大昕称他"于画独有神解，仿古贤山水人物皆精妙"。王鸣韶称他"山水于诸大家无所不有临抚，可以乱真"。周颢擅画竹，兴酣落笔，风枝雨叶，无不曲肖，在江南一带闻名。

＊周颢

诗人吴衍庆有诗赞曰："十日五日笑经营，一水一石成倾刻。层峦叠翠金碧山，渲染纸上淋漓湿。有时掀髯得意来，醉拈秃笔出腕力。挥尽一斗玗麋浆，悠见琅瑜出东壁"。

周颢精于诗文，有《芷岩诗抄》传世。诗歌的风格在李白与苏东坡之间，如他在《竹石图》题诗："莫讶疏狂不合时，清泉白石是心知。闲来爱依西窗伴，笑听秋风搅竹枝"。

周颢的行书师法苏东坡，跌宕奇伟。周颢治印篆法谨严，《在中国古代闲章拾萃》一书，收录其所刻石章、牙印5枚，有"山水有清音"、"游戏翰墨"和"四时苍翠"，"知余懒是真"和"开卷一乐"，刀法十分圆熟。

周颢的竹刻自小即负盛名，各种刻法无所不能。他以画法刻竹，将"绘画六法"融合和运用于竹刻艺术，以刀代笔，奇纵变幻，迭出新意，所作山水树石丛竹，峻逸生动，世称精臻。时人称誉周颢，"若取历朝诗家与竹人相拟，芷岩（周颢）可当少陵（杜甫），二百余年间首屈一指"，其刻竹有"绝顶佳品"之称。

* 周芷岩以画法刻竹

今藏于上海博物馆的《松壑云泉图笔筒》，是周颢46岁时的代表作。此作构图奇妙，刀法变化多端，平刀直入，薄刀轻披，刀中皴法，浓淡生动有致，画刻融浑。图中石岭嵯峨，洞窟深邃，山泉涌出，竞泻争流，烟云掩蔽，弥漫缭绕。整个画面尽情舒卷，山谷丰盈，丘壑不凡。故宫博物院收藏的周颢竹刻《兰花臂搁》也是不可多得的传世佳作，兰花根簇生，根部用浮雕法，叶呈线形，屈曲向上，叶间数朵花蕾，顶端两朵兰花，用陷地深刻三四层，柔美多姿。此作成功地将文人画再现竹上，被选入《国宝大典》。

雍正乾隆年间，嘉定竹刻名家辈出，流派纷呈，周颢是其中的佼佼者。他的竹刻艺术影响极大，多人拜他为师，周笠、严煜、徐枢、浦灿、吴嵩山、杜世绶和孙效泉等人均见之于志书记载。

家族世代刻竹，并多为名家，是嘉定竹刻兴盛期的一个独特的文化现象。"嘉定三朱"、"封氏三杰"是这种文化现象的代表。此外，如明末清初的沈汉川、禹川（又名大生）昆仲及后代沈兼、沈尔望兄弟，乾隆时邓孚嘉及其弟士杰、其子德璜，也是这种文化现象的典型。还有一时姓家族，自乾隆朝时学庭、时钰始刻竹后，绵延七代，直至清末民初时大经、时湘华叔侄，仍为嘉定竹刻之乡高手。

生生不息，代代相传，嘉定竹人以生命抒写着竹刻艺术的瑰丽和灿烂。

"竹如我，我如竹"

我国盛产竹，历代文人也多以竹自喻，"岁寒三友"、梅兰竹菊"四君子"中都有竹。文人爱竹、咏竹、画竹，将竹作为颂扬对象，寄情其中。明代中期朱松邻始创的嘉定竹刻，更是直接地将竹与文人维系在一起。嘉定文人通过竹刻寻找精神寄托，竹子劲秀挺拔、超逸高洁的品格又熏育着嘉定文人。

金元珏《竹人录》与褚德彝《竹人续录》记载的嘉定竹人，多有竹子般的品格。开创嘉定竹刻的朱氏三松便是其中杰出代表。朱松邻之子小松"貌古神清"品行高洁。因小松作品精妙，时"县令尝召之，不往。令急之曰：'我能破家。'笑曰：'我乃无家，何破为？'"另有禹州徽王派人重金聘小松，小松谢绝，说他是井底之蛙，见识浅薄，在陋室前锄草尚可，若在显贵人家做食客便远远不足了。小松"拒俗吏之求，却藩王之聘，其志操过人"。小松毕生不事权贵，清高自珍，不正如这挺直清孤的竹子吗？

小松长子稚美，刻竹名气虽不及其弟三松，平素为人却甘于贫困，不畏权势，不求世人，被人称"练川四隐"之一，可见其清雅高洁。

明代名扬江南的"嘉定四先生"之一李流芳，天启年间赴京会考，见朝廷腐败，愤而弃考，从此绝竟仕途，回嘉定后自筑"檀园"，以诗文书画刻竹自娱。阉党魏忠贤在苏州建生祠，嘉定知县谢三宾问他应不应该去参拜魏祠？李流芳答：拜是一时事，不拜是千古事。李的正直清高可见一斑，他的气节决定了他的诗画和竹刻的"风骨自高"。

笔者一直以为历史上惨烈的"嘉定三屠"与明末清初嘉定竹刻的兴盛，有着某种说不清的关系。"三屠"后的嘉定士子多不愿侍奉权贵，劲节超逸，以竹自喻，刻竹以寄托情怀，从某种意义上促进了嘉定竹刻的盛荣。其中最典型的便是侯峒曾。

城破后嘉定抗清义军首领侯峒曾一家悲壮殉难。当年侯峒曾的族弟侯峥曾在国破家亡后的心境更是可想而知。侯峥曾为避乱世隐居乡村，

* 侯峒曾黄淳耀纪念碑

吟诗刻竹，以解胸间忧国忧民之郁闷。侯崎曾的侄子侯汾也不愿臣服，他的矩园里常有文人雅士吟诗作词，流连觞咏，盛极一时。侯崎曾常常将诗词刻在竹上，制成臂搁、笔筒，与侯汾等亲朋好友唱和。

　　清兵南下，惨遭屠城，嘉定另一竹刻高手沈兼为示愤慨，避居乡间废圃，"不食三日"。沈氏竹刻当时在嘉定也负有盛名。清代大学者王鸣盛在《练川杂咏》中有"朱沈风流续旧传"咏嘉定竹刻。朱即"朱氏三松"，沈即沈汉川、沈禹川（**大生**）兄弟及其子侄沈兼。王鸣盛合称"朱沈"，可见沈氏在嘉定竹刻中的地位。沈大生人品风骨洒脱不凡，其作品超凡脱俗，今有珍品《庭园仕女笔筒》为上海博物馆所藏。沈兼曾为其叔小像题诗："溪流数曲竹千竿，清映须眉画亦寒，心事不随世事改，百年犹见旧衣冠。"大生风范可见一斑。沈兼本人亦清正耿直，行医之余，潜心刻竹，作品简老苍秀，有出蓝之誉，传世的《草虫臂搁》、《浅刻柳枝臂搁》均显示了他卓尔不凡的艺术造诣。

　　竹，自由自在地生长在山间、田园，享受着阳光雨露，呼吸着天地间清

* 沈大生《庭园仕女笔筒》

新的气韵；竹，一旦离开它赖以生存的土壤、环境，便枯萎、死亡。竹人又何尝不是如此，康熙年间，封锡禄、封锡璋兄弟应召入京，以艺值养心殿，专为皇家刻竹。落拓不羁、猖狂散淡的封锡禄难以承受宫廷束缚，在宫内烦躁不已，终日狂走，以至狂癫。封锡禄发病后，朝廷准其回乡。不久，一代竹刻王病逝故里。

诗人戴达以一首《竹刻王》生动抒写了封锡禄："康熙皇帝的养心殿养不住封锡禄的心，乡野的心/就像金子做成的鸟笼关不住鹧鸪唱的被山雨打湿的民歌/上朝。上朝。上朝。每上一次朝就蜕落一层艺术的气质/下跪。下跪。下跪。每下一次跪就矮掉一寸艺术的高度/遥忆马陆塘畔水鸟翩翩，芳草萋萋，竹林青青/遥念故乡的亲人荷锄晚归，身后的田野黑夜里蛙声不断/身陷长满苍苔的空间，时间像迷魂汤灌入狂放不羁的心/荣华富贵权当粪土，终于有一天乡愁像原子弹一样爆炸/他踩着蘑菇云把大清宫殿当故乡横沥河的河滩狂奔不停/踩出的脚印皇帝闻不出脚印内尽是竹叶的清香袅袅……"诗句让我的心震动不已。

竹人如竹的品性为世人所赞美。乾隆年间的竹刻大家周颢作品题材多样，竹子是他表现最多的题材之一，春竹、夏竹、秋竹、冬竹，或恬静，或摇曳，或雨淋，或雪压，无不生动有致。周颢作品中的竹叶以刀锋一剔而就，有如屈铁，竹枝则刻之较深，苍劲有力。周颢家境贫寒，却从不以衣食累人。时有富贵者求其作品，并不惜重金，他却不屑一顾。反之贫者索其作品，他随手与人，毫不吝惜。一日，周颢遇一老乞手携竹杖光润坚老，他见之即席在杖上雕刻，当即有人以高价购去，乞丐感谢不尽。钱大昕极赞赏周颢的品格，专著《周山人传》传神记载了他的生平。

周颢一副美髯引人注目，风度潇洒，被称"周髯"，自己则笑称"髯痴"。他喜酒，于耄耋之年，仍能豪饮，饭量特别大，善跑步，体魄强健。一次，他醉卧雪中，天明，见者都认为他已冻死。他却打了一哈欠，若无其事,又沉沉地睡去了。他活了89岁,乾隆三十八年(1773)逝世,是嘉定竹人中最长寿者。

北宋画家文同曾言"竹如我,我如竹",此语正是嘉定竹人的写照。

文人与嘉定竹刻

几年前,我在歙县老街看到几件旧时竹刻作品,观摩之余便与店主说嘉定竹刻之精妙。女店主看上去很普通,却脱口而出:"嘉定竹刻始祖朱松邻是我们徽州人。"语气很牛。

她没说错,朱松邻原籍确是安徽新安(今歙县),南宋建炎年间,其祖徙华亭(今上海松江),六世时迁居嘉定。徽州四雕(木雕、竹雕、石雕、砖雕)本驰名天下,但朱松邻开创的嘉定竹刻,名声却超越了他的先祖居地徽州,成为中华竹雕的代表性流派之一。究其缘由,我以为就因嘉定竹刻中的文人雅士风韵。

嘉定竹人多为文人雅士,学养非同一般。朱松邻少年时向松江书画名家曹时中学习"六书",《竹人录》中说他"工韵语兼雕镂图绘",后又与著名剧作家郑若庸结为挚友,互为唱和,在陆深家"高朋满座,顾无松邻子不乐也"。由于他精诗文书画雕镂,刻竹时能以笔法运刀,使他的作品"世人宝之"。

松邻之子朱小松也博学多才,吟诗赋词"有自然之致";"工小篆及行草,画尤长于气韵"。松邻之孙朱三松不仅能诗善画,且擅造园、制盆景,相传南翔古猗园小云兜等许多景点均出于三松之构想。

乾隆年间周颢被称誉为"将南宗画法入竹刻之第一人",之所以能获此誉,与周颢本是当年造诣极高的书画大家并精于诗文不无相关。

《竹人录》记载的嘉定竹人，不乏文化大家，李流芳、钱大昕、瞿中溶、吴历等都在其列，娄坚、赵俞、朱彝尊等有关竹人竹刻的题咏更是连篇佳作。

　　李流芳（1575—1629），其诗"风骨自高，不能掩其真性灵也"（**沈德潜《明诗别裁》**）；其文清新自然，被黄宗羲称"文中有画"；书法学苏轼，浑厚大气；他又善金石篆刻，作品古朴雅致；他的画取法"元四家"之一吴镇，笔墨酣畅，成就更是不凡，他的许多课徒画稿被编入《芥子园画传》。这样一位诗文字画堪称大家的雅士在作为竹人时，其作品的书卷气、金石味便充溢其间。

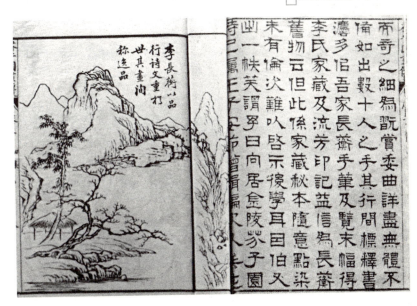

＊ 李流芳画稿被编入《芥子园画传》

钱大昕（1728—1804），乾隆十九年（1754年）进士，乾隆三十七年（1772年）补侍讲学士，后升少詹事。凡文字、音韵、训诂、历代典章制度、古文地理沿革、金石、画像、篆隶及算术、历法等，无不通晓，被人誉为"不专治一经而无经不通，不专攻一艺而无艺不精"。他的《廿二史考异》更是名垂史册的国学巨著。这样一位大儒亦善竹刻，中国历史博物馆现藏有钱大昕行书花卉竹雕臂搁一件，色泽古朴，刀工简洁，文图淡雅。钱大昕精竹刻，善绘画，只是他的刻竹、绘画之名被其博大的学问掩盖了。

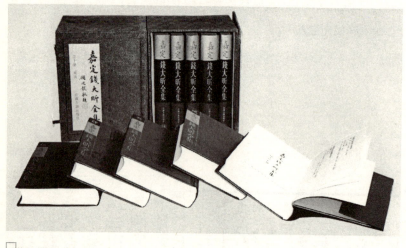

＊钱大昕国学巨著

"清六家"之一的吴历（1632—1718），虞山派大画家，不仅工诗善画，也"兼工竹刻"。康熙年间，吴历长年在嘉定传教绘画，对嘉定文化产生深远影响。吴历琴棋书画俱精，年轻时向娄东派大画家王时敏、王鉴学画，向同乡文学家钱谦益学诗，向陈珉学琴，造就了他的满腹学问、非凡才情。他的竹刻便也充满了诗情画意。

清晚期被王世襄称为"竹刻名手"的程庭鹭（1796—1858）也是个多才多艺的文人。程庭鹭善画山水花鸟，台湾故宫博物院及国内博物馆中，多有他的作品被收；精于篆刻，工诗词骈文，有《以恬养智斋集》、《红蘅词》传世；今各大拍卖会上仍有他的篆刻印章上拍，价值不菲。程庭鹭还能设计园林，参与过苏州怡园的规划设计。

嘉定多文人。嘉定文人把他们非凡才情倾泻在竹篁之间，嘉定成了滋养竹刻艺术的沃土。

文人的参与，使嘉定竹刻雅韵流淌。从"朱氏三松"的《竹林七贤笔筒》、《高山流水笔筒》到沈大生、沈兼叔侄的《庭园仕女图笔筒》、《草虫臂搁》，从封氏兄弟的《东坡从赤壁桃核舟》、《圆雕采药仙翁》到顾珏的《踏雪寻梅笔筒》、《兰亭雅集图香薰》……从明清时期嘉定竹刻所表现的

* 顾珏《兰亭雅集图香薰》　　　　　　　　　　《兰亭雅集图香薰》局部 *

内容中,可窥见竹人的丰富学识与文化修养,也可感受到透逸而出的幽幽文人气息。

明清嘉定竹人刻竹自娱,如秦一爵等认为刻竹旨在寄情抒怀,不轻易为人奏刀,作品多矜惜贵重。朱三松的再传弟子王永芳更是深居简出性情淡泊,终年安居乡村不入城市,并不苟下刀,每刻一件都历时数旬。

苦心经营、刻意求新,致使嘉定时有佳作问世。清康熙年顾珏的竹刻《高浮雕人物圆笔筒》在2006市佳士得拍会上惊艳四方,以1 045万港元成交,就因作者"不袭前人窠臼而能独立门庭",为求作品精深细微,不惜工本,宁愿费时一年半载。顾珏以刻画细微精深见长,所临五代李昭道的《栈道图》竹刻笔斗,画面"老树危桥,悬崖绝涧,作数十层转折,望之窈然而深",工细纤巧却次第分明,蔚为大观。

竹人们与生俱来的文人气息使嘉定竹刻出世脱俗,如同昆曲,如同江南丝竹,如同苏州园林,充溢着清高,流淌着风雅。

* 流淌着风雅的嘉定竹刻

文化兴竹刻兴,文化衰竹刻衰

文化始终伴随着竹刻的兴衰。文化兴竹刻兴,文化衰竹刻衰,已成了不争的事实。

文人的介入提升了嘉定竹刻的文化含量，推动和促进了嘉定竹刻走向兴旺。反之，随着刻竹的文人或者说诗文书画俱佳的竹人渐少，嘉定竹刻由盛及衰。

清代后期，嘉定虽有程庭鹭（1796—1858）程祖庆父子、陈凝福、唐文炳等为当时之刻竹名家，但这样的文人参与竹刻已寥若晨星。擅长书画、能自画自刻的竹人的稀缺，嘉定竹刻就无法达到前人的高度。程庭鹭曾感言："近世好手声价日贬，列于肆者悉顽窳物。呜呼！一技之微以不得其人而传，久废失，亦如此哉！然他郡人物犹假嘉定竹器之名，以售欺者。"（程庭鹭：《涂松遗献录》）竹件全成商品，竹人变为商贾。

随着嘉定竹刻艺术特色的黯淡，商业化的经营竹刻制品的店铺却在光绪年间的嘉定州桥栉比鳞次。仅州桥以西的一条街上，经营竹刻的商店便多达十余家，较著名的有时大经的"时文秀斋"、张学海的"张文玉斋"、朱渔甫的"酉阳斋"、叶端甫的"晴翠斋"、韩玉的"云霞室"、申竹芗的"瑞芝斋"、范雅堂的"文元斋"、潘松筠的"潘松云斋"等。"时文秀斋"、"张文玉斋"等竹刻店的制品虽在宣统年间参加过南洋劝业会展出，并得到两江总督和江苏巡抚的奖掖，但此时的嘉定竹刻已与鼎盛时期不可同日而语。

清末至民国，迫于生计，嘉定竹人的制品由观赏型转为实用型，品种多为各类日常生活用品，如香烟盒、饭盒、信笺盒、棋盒、名片盒、竹杖、扇骨、照相架等，且销路不佳，竹刻店相继停业，只有"时文秀斋"等三两家在风雨飘摇中维持到抗战胜利之后。整个二十世纪上半叶，嘉定竹刻可谓苟延残喘、奄奄一息。直至新中国成立之前，仅潘行庸等寥寥无几的竹人在清贫中苦苦支撑。

新中国成立之后，嘉定人民政府试图复甦嘉定竹刻。1955年，组织了以潘行庸（1888—1961）为主的手工艺竹刻合作社，招募了解放前夕相继改行的叶怀生、叶田生、范勋元、李志庸等昔日竹人，并吸收张迎尧、范其昌等青年学艺。竹人的政治地位有所提高，潘行庸连续三届被选为县政协委员，并在1957年出席全国工艺美术艺人代表大会，受到朱德副主席接见。1957年，应中国作家协会之邀，嘉定竹刻作品参加北京展出，深受国际友人的喜爱，并得到中央美术服务部的嘉奖。嘉定竹刻似乎感到了迎面而来的春风。这春风吹得并不长久。大跃进以后的1959年，竹刻合作社的12位艺人被转入上海玉石雕刻厂。1961年，潘行庸逝世，随着这位传统竹刻末代大师的消匿，嘉定竹刻再度沉寂。

1981年，经历了史无前例的"文化大革命"之后的嘉定政府在嘉定县工艺品公司建立竹刻小组，期盼着恢复嘉定竹刻，着手培养竹刻新人。1985年7月，一直对故乡的竹刻艺术十分关心的全国人大副委员长胡厥文先生致函嘉定人民政府："嘉定竹刻历史悠久，有独到之处，具有相当高的艺术价值，宜予以扶持和发展。"胡厥老为振兴嘉定竹刻，还出资6万元资助作嘉定博物馆办竹刻培训班。1988年，嘉定博物馆成立竹刻工艺部，由年轻竹刻艺人王威与徒弟、培训班学员张伟忠、苏玉蓉、王乐平学习深刻透雕的竹刻技法。

培训班学员每个月工资60元，苦苦支撑至1991年，培训班已发不出工资，师傅王威下海经商，学员们也各奔东西，惟有张伟忠在州桥老街苦苦支撑着他的"新篁馆"。嘉定竹刻在上世纪90年代被戏称为"一个人的艺术"，这一个人，不是别人，正是张伟忠。

历史进入21世纪，嘉定经济得到了较快发展，当地财政收入稳步增长，政府加大了对文博事业的投入。嘉定竹刻以其悠久的历史和独特的艺术魅力，在2006年入选首批国家非物质文化遗产名录，濒临绝境之际得到政府重点扶持。当年投身商海的王威重操刻竹刀，在艺术创作的寂寞中坚持刻竹并得留青竹刻大师传授的张伟忠时有新品问世。嘉定成立了竹刻协会,有会员丁黎良、王乐平、蒋玉铭、苏玉蓉、周铿、庄龙、罗一农等。他们的作品在各种展览中获奖。张伟忠1993年的作品《浮雕布袋和尚》被王世襄带到香港艺术馆讲学时作为范本;2002年,根雕作品《刘海戏蟾》及浮雕笔筒《灵辙》被上海工艺美术博物馆收藏;2004年,《留青人物——佛簧》被评为首届上海工艺美术精品;2006年《水仙留青插屏》获"上海民族民间艺术博览会"金奖,获"百花杯中国工艺美术精品奖"金奖。马陆的一对竹刻夫妇蒋玉铭、苏玉蓉也引起世人关注,《新民晚报》的长篇报道《刻竹子,看着风雅实则艰辛》,记载了他们献身竹刻艺术的动人故事。2003年,蒋玉铭的作品《般若波罗密心经》获"中国工艺美术金奖"。

* 正在创作中的张伟忠

　　近些年,笔者与当代嘉定竹人有所交往,也曾随他们去江浙山地竹林选料。深入其间,觉今日刻竹艺人与古代竹刻艺术家相比,仍有所缺。

　　北宋画家文同赞美竹"心虚异众草,节劲逾凡木","得志遂茂而不骄,不得志瘁瘁而不辱,群居不倚,独立不惧"。古代竹人甘于贫困,今人却多忍耐不得。前些年,嘉定竹刻风雨飘摇,固守竹刻阵地者有几人?日前,笔者欣闻张伟忠获"上海市工艺美术大师"称号,可喜可贺之余,深感是"一分耕耘一分收获"，当年他对竹刻艺术的孤苦执守，终于被世人认可。

嘉定竹刻作为一个艺术流派，它最大的特点是什么？是深刻透雕还是浅刻、留青，我以为只是停留在技术层面上的肤浮之争。"嘉定三朱"创造了深刻透雕，但嘉定竹刻则一直发展着，吴之璠的薄地阳文、周颢的画法刻竹……就是明证。即使在朱小松的代表作《刘阮入天台香薰》中，也是既有透雕深刻，又有深浮雕、留青、平雕和镶嵌等多种技法。因此今人学习、吸收徐秉方等大师的留青刻法，融会贯通于传统嘉定竹刻，本应是好事。嘉定竹刻的最大特点是在于文人的介入和作品间透逸的浓郁文化气息。离开了这一点，光以深刻透雕的技法论，嘉定今人的技艺也未必都超过朱松邻祖藉徽州的刻竹高手。

针对今日嘉定竹人的文化学养，笔者曾多次劝他们多读书。陆俨少所言"四分读书三分写字三分画画"，我想也适于今日竹人。

欣闻嘉定的一些中小学已开竹刻课，我以为在传授刻竹技艺的同时，重要的是授以如何做人和诗文书画的素养。唯此，可期嘉定竹刻再度辉煌。

2007年底嘉定建立了我国首座竹刻博物馆，馆内展出的各个朝代的竹刻艺术品200多件。但愿这座由王世襄老人题名的竹刻博物馆在古城的崛起，是古老的嘉定竹刻艺术振翅欲飞的象征。

＊ 王世襄为嘉定竹刻博物馆题名

留青春常在

金西厓、支慈庵、徐素白的留青竹刻在海上横空出世,使海派竹刻重现生气。

二十世纪二、三十年代,留青竹刻的大家多聚居在上海。海纳百川的上海滩高手云集,吴昌硕、江寒汀等海派文人又在其间指点、熏陶,甚至参与其间,海派留青竹刻气象万千。

"徐素白开创了留青竹刻的新纪元。""竹刻走到了徐素白的年代,毋庸置疑地成为了艺术。""他刻唐云的画,他就是拿刀的唐云,他刻程十发的画,他就是拿刀的程十发。"

上世纪七十年代末,中华五千年文化蒙遭劫难不久,为传统文化守望一生的王世襄眼看竹刻艺术香火将灭,老人不甘心啊!他寻找着振兴竹刻艺术的领衔人物,他找到了徐秉方……

王世襄在《竹刻简史》中指出:"十九世纪后叶,竹刻艺术每况愈下,直至本世纪初,金西厓、支慈庵等先生出,竹刻始又有新的发展"。

寥寥数语却将当时此消彼长的竹刻艺术说得鞭辟入里、入木三分。

所言"每况愈下",我以为包括久负盛名的嘉定竹刻。嘉定竹刻盛极而衰的原因就是刻件全成商品,竹人变为竹贾;只知赚钱,不求精工,致技术有退无进。

眼看嘉定竹刻行将消亡,金西厓、支慈庵、徐素白的留青竹刻在海上横空出世,使海派竹刻重现生气。

话说留青

我国的竹刻艺术，历史悠久。竹刻技法有圆雕、透雕、高浮雕、浅浮雕、浅刻、留青等。王世襄认为："千百年来，留青为竹刻之重要技法之一。"

留青，顾名思义即是留用竹子表层竹青雕刻图案，铲去图案以外的竹青，露出下面淡黄色的竹肌。竹材干后奏刀，此时表面已由青变白，刻后一、二年，表皮呈淡黄色不变，而竹肌色泽则随着时间的年复一年，由淡黄转深黄、深红。历年越久，表皮图案色泽与竹肌质地色泽形成鲜明反差，图案神奇地显示其独特韵味。留青竹刻的笔筒、臂搁、扇骨等器物精巧、润泽，如经常把玩摩挲，则光滑如脂，温润如玉。

留青竹刻始于唐代。苏曼殊有诗："春雨楼头尺八箫，何时归看浙江潮。芒鞋破钵无人识，踏破樱花第几桥"，诗中所言"尺八箫"，就是现藏于日本正仓院的中国唐代竹刻的乐器。在此尺八箫上的竹刻，运用的技法正是留青，所刻仕女、花草、树木、飞禽、蝶虫，一派唐风。

明代后期，竹刻艺术家张希黄发展了前人的留青刻法，他刻刀之下的"留青"，一改传统技法。面对同一竹器的青筠，他或全留，或多留，或少留，甚至不留，以服从内容需要为宗旨，将画面分出各种层次。经年之后，画面色彩从深到浅，形成自然退晕的效果。他把水墨国画在宣纸上体现的浓淡色泽变化，巧妙地运用到竹刻中，使留青作品兼备笔墨神韵和雕刻趣味。他的传世之作，精美细致，工妙绝伦，其中以现藏于美国波斯顿美术博物馆的《山水楼阁笔筒》最为典型。《山水楼阁笔筒》画面由近处的楼阁与远处的山峦组成，所呈色泽浓淡有致，山峰层峦叠嶂，岩崖嵯峨，一近一远，互为烘衬，充满诗情画意。上海博物馆所藏竹刻臂搁《山窗竹影》是其另一传世佳作，作品以江南村野庭院为主体，远处山峰秀峭，近处翠竹掩映，一人在庭院门前躬腰清扫，窗明几净，空旷恬静，尤其是不同层次

* 日本正仓院藏留青尺八箫

* 张希黄《山窗竹影》

的远近景色给人一种远离尘嚣的淡泊宁静之美。

清末学者李葆恂（1859—1915）在《旧学庵笔记》中描绘了张希黄的留青竹刻，颇为生动："云势或浓或淡，缥缈卷舒，如置身黄山始信峰上观云海也，下作水村渔庄，映带垂杨丛荬中，或明或暗，似有夕阳蔽亏其间，间以渔家晚饭，炊烟缕起，临水草树，亦模糊灭没，若有若无，又俨然赵大年小景也。……凡云气，夕阳，炊烟，皆就竹皮之色为之，妙造自然，不类刻画，亦奇玩矣。"

张希黄以刀代笔，在竹的表皮作书画，被人们称为"留青圣手"。他的作品精细的构思和绝妙的制作工艺浑然一体，带有浓厚的文人气息，并且影响和带动了一大批竹雕艺人，最终形成高雅淡泊、巧而不媚的风格。

清代的刻家更注重书画艺术的效果，潘老桐、尚勋等发展了留青竹刻艺术。

二十世纪二、三十年代，留青竹刻的大家多聚居在上海，如浙江南浔的金西厓、江苏苏州的支慈庵，常州的徐素白、无锡的张韧之等。海纳百川的上海滩高手云集，吴昌硕、江寒汀等海派文人又在其间指点、熏陶，甚至参与其间，海派留青竹刻气象万千。

二十世纪的文人竹刻家——金西厓

金西厓(1890—1979)，浙江南浔人，名绍坊，字季言，号西厓。曾学土木工程，因受家庭影响，酷爱艺术。初从长兄北楼学绘画，后从仲兄东溪学竹刻，不久即有出蓝之誉。西厓终生专心致志，朝夕奏刀，乐此不疲，成为二十世纪最杰出的竹刻家，有《可读庐刻竹拓本》、《西崖刻竹》、《刻竹小言》等图册、著作行世。

＊金西厓晚年

这个金西厓正是王世襄老人的四舅，难怪其老伴袁荃猷在《大树图解说》中称："世襄研究竹刻受两位舅父的影响。"两位舅父，一位是金东溪，另一位即金西厓。金西厓所著《刻竹小言》重版，由王世襄整理编辑，历时数年，足以见舅甥之间的竹刻缘。

　　我在介绍嘉定竹刻时说：嘉定竹刻的最大特点是在于文人的介入和作品间透逸的浓郁文化气息。二十世纪初，当嘉定竹刻沦为商品、竹人沦为商人时，金西厓亮相竹艺界，无异于注入清新之气。以西厓之祖金桐、之父金焘为代表的金氏家族在南浔是"四象八牛七十二金黄狗"中的"八牛"之一，人称"小金山"。出此豪门的西厓无需以经营刻竹得蝇头小利而谋生，刻竹于他如同嘉定竹刻鼎盛时期的文人，只是爱好、自娱。更为重要的是其长兄北楼，当时已名驰画坛，有"南张（大千昆仲）北金（北楼兄妹）"之称。西厓受北楼的影响极深，北楼作画，他总在一侧，或磨墨或拭纸，朝夕熏陶，日复一日，造就了西厓的艺术天赋。

1909年，北楼与吴昌硕等著名书画家共同发起成立豫园书画善会，活动地址在豫园得月楼。西厓由此结识了王一亭、赵叔孺、吴待秋、吴湖帆、张大千、张石园、江寒汀等著名书画家，并常请他们为自己的刻件作画题诗。年长西厓46岁的吴昌硕更是成了他的忘年交，并多次为西厓的刻件作画。

1926年，83岁的吴昌硕为西厓书斋题字："锲而不舍"，并题款："西厓仁兄精画刻业，孜孜无时成释，神奇工巧，四者兼备，实超于西篁（张希黄）、皎门（韩潮）之上，爰摘荀子语以颜其斋。丙寅初冬，安吉吴昌硕。"这是海派艺坛领袖对西厓竹刻的高度赞赏，也是一代大师对西厓的教诲和鼓励。西厓如获至宝，刻成横匾，悬于书斋作为座右铭。

西厓竹艺精湛，刀法流畅、浑厚、生动，善刻留青小臂搁、扇骨，独具风格。他的留青刻山水臂搁，酷似明末竹刻家张希黄的作品，又能仿周子和缩摹金石文字于扇骨。著名书画鉴赏收藏家庞元济对西厓竹刻给予很高

＊金西厓扇骨作品

的评价,说:"独喜君家一门风雅,能书画者早已驰名海内,今西厓专精刻竹,不让昔之韩皎门、杨龙石诸人,专美于前矣。"

西厓一生,刻竹千余件,传世名作《饯春图臂搁》、《玉米臂搁》等以流畅的刀法表现笔致画意和各种物体的质感,精细入微,典雅精美。1948年,西厓著《刻竹小言》,从历史、备材、工具、作法、述例等方面,对竹刻作了全面的研究。他在自序中说:"自《可读庐竹刻拓本》、《西厓刻竹》两书付印后,远近同好,时来相质,或询取材之方,或咨镂刻之法。亦尝与二三友好,摩挲前人之制,研讨其构思运刀之妙,忽忽四十余年。非学刻竹即论竹刻,真所谓何可一日无此君。"西厓的《刻竹小言》被台湾竹刻收藏鉴赏家翦淞阁黄玄龙称为继金元钰《竹人录》之后的"竹刻艺术的第二本重要著作"。

1985年,王世襄用了五年时间,编著《竹刻》一书,第一部分为西厓的《刻竹小言》,后面则增加了根据西厓手写的刻竹登记册整理出来的《金西厓刻竹目录》。阅览此目录,我们在获知其每件作品的题材、刻法、刻件耗用时日的同时,感受到的是西厓竟其一生的锲而不舍,其忠于艺术的精神感人至深。

纵观二十世纪竹刻史,笔者眼中的西厓是二十世纪以来寥若晨星的真正意义上的文人竹刻家。

西厓半个多世纪的竹刻作品多为留青,现大部分被上海博物馆收藏,这是海派留青竹刻的辉煌,也是海派文化的宝贵财富。

能书善画的支慈庵

王世襄在《竹刻简史》提及的支慈庵是上海留青竹刻的又一代表人物。

支慈庵(1904—1974),字子安、号南村,苏州人。其姐夫是无锡金石家、竹刻家张瑞芝,在上海开雕刻艺坊。年方10岁的支慈庵随姐姐生活,16岁那年他初中毕业即从师于姐夫学艺。24岁时他创立"兰经石室",自立门户,广交艺术友朋,并挂牌接单,以刻件谋生。

1932年,"一·二八"战事爆发,张瑞芝举家迁回无锡,支慈庵却仍留驻上海。之后,他结识了画家、鉴赏家高野侯。曾任中华书局美术部主任的高野侯慧眼独具,看了他的作品后,指点他应走"清客"(指自画自刻)之路,别满足于当工匠,只有脱尽匠气方能步入大雅之堂。支慈庵顿悟,立志学好书画。1934年,支慈庵先后拜著名书画家赵叔孺和吴湖帆为师,领悟六法之妙。吴、赵两大师见他诚恳好学,便悉心授艺。之后,他又与画家江寒汀结为挚友,切磋画理交流心得,经十年研习苦练,他的书画艺术渐臻妙境,走上自画自刻的竹刻之路。

画家、收藏家李祖韩善竹刻,并藏有历代竹刻珍品,支慈庵常在李处欣赏观摩,眼界大开,获益匪浅。日后,支慈庵竹刻技法全面与他在李祖韩处所得历代珍品的神韵不无关系。他阴文浅刻、浅浮雕、高浮雕运用自如,刀法细腻全面,尤以留青浅刻更为出色,在竹皮、竹青之间能洒脱表现书画的阴阳浓淡。由于书画印基础扎实,他的作品大部分自己构思设计,工致雅净,极具大师风范。

1937年8月,日寇再度在上海发起侵华战争,支慈庵刻《蒲塘清趣*蚕叶图臂搁》。作品的正面,支慈庵用留青法刻荷塘景色,轻薄纤细的荷花花瓣、花蕊上飘飘欲飞的蜻蜓、舒展翻卷的荷叶以及叶面的筋脉纹理,极为精细入微。在臂搁背面,支慈庵用浅浮雕手法在竹上刻《蚕叶图》,桑叶上数条银蚕蠕动,叶面累累蚀孔,刻划得惟妙惟肖。《竹人续录》的作者褚德彝见此作品,赞曰:"慈庵刻竹,今之希黄、松邻也。此秘搁刻蚕叶图,适强邻来侵,郡县皆遭残焚。未逐鲸吞,先为蚕食,此画为预兆矣。"朱松邻、张希黄都是竹刻史上开派立宗的领军人物，褚德彝在颂扬支慈庵将忧国之情溢于刀锋的同时，将他与朱松邻、张希黄相提并论，足见评价之高。王世襄也称颂此作"爱国之忧，溢于言表，弥足珍贵"。支慈庵在此件作品上运用技法独特，所刻全凹，层次分明，与物体凹凸完全相反，王世襄赞其"未见有运刀如此巧妙者"。《蒲塘清趣＊蚕叶图臂搁》现被收藏于中央工艺美术学院。

新中国成立后，支慈庵的竹刻技艺日臻完美。1952年，他加入新国画研究会。1956年，上海市工艺美术研究室成立，他受聘任竹刻艺术研究员。1957年，他出席第一届全国工艺美术艺人代表大会，得到党和国家领导人接见。

1956至1966的十年，是支慈庵的竹刻艺术光彩四射的十年，创作的《古琴臂搁》、《河山壮观臂搁》，在竹刻外形变化和大场面多层次方面都作了成功的尝试，作品被中国工艺美术馆收藏。另有《留青鸟鸣高枝》、《竹雕竹石牵牛》由上海博物馆收藏。

支慈庵一生的作品有上百件，早年以扇骨居多，中后期则主要为臂搁、挂屏、台屏、摆件等。支慈庵善用竹之皮青，表现画面花色的阴阳及层次关系。由于他擅长各种艺术手法，精书画篆刻，能雕善刻，因此作品内涵丰富，十分耐看。他在刻件《和平颂》中运用的留青技法，体现了海派竹刻的特色。在极薄的竹青(竹皮)上，用各种刀法，将中国画的笔法、意境完美地抒写表达，同时，对图中各种景象的刻画精细微妙，整幅画面中，花、鸟、树、石、水汇于一堂，层次清晰，极富质感，作者炉火纯青的技艺和对中国绘画的深刻理解在作品中得以充分体现。支慈庵的留青竹刻技艺，在现、当代已成为一个高峰，王世襄在《竹刻艺术》中对他的评价是："已达到前人在此种刻法的最高水平"。

能书善画的支慈庵对海派留青竹刻艺术风格的形成影响巨大，功不可没。

留青竹刻的里程碑——徐素白

徐素白(1909—1975)，海派留青竹刻的又一位大师。

徐素白生于江苏武进，3岁丧父，自幼与母亲相依为命。25岁那年，母亲病重。徐素白焦虑万分，万般无奈的他只得求佛拜菩萨，跪在菩萨面前用剪刀剜下自己胸口三块肉，用香火按住血流如注的伤口，回到家用肉煎汤喂母，企盼能以此举救母。徐素白的这一孝举一直在他家乡流传，以至徐素白去世时，邻边四村老人无不悲痛。

* 徐素白

我深为此事感动，并一直以为著文刻竹从艺，人品乃决定作品的重要因素。徐素白被誉为留青竹刻的里程碑，除了他的石破天惊般的艺术表现力之外，还在于他的为人。

这样的人是应该有福的。

徐素白的有福在于他的留青写意竹刻技艺由他的子孙传承了下来，而且绵延不断。前些日，上海文化出版社总编辑陈鸣华给我寄来《徐素白竹刻集》和《徐秉言竹木雕刻》，在欣赏徐氏两代的精湛竹刻艺术之后，我发觉两本书上都有长子徐秉坤、次子徐秉言回忆父亲的文章，我记得三子徐秉方也有怀念其父的文字。读着字里行间的情真意切，我更觉得大师是有福的。

徐素白15岁起在上海俞宏记扇庄学艺，兼习书画。他天资聪颖，学习刻苦，满师不久便被"壁寿轩"书画店聘用。"壁寿轩"老板擅篆刻，喜书画，与书画界人士颇多交往，徐素白也由此结识海上书画名家。由在沪同乡、名画家冯超然的推介，他与江寒汀、唐云、沈尹默、钱瘦铁、邓散木、白蕉、马公愚、程十发、乔木等成为好友。徐素白除自画自刻外，这些书画家也乐意为其绘制刻稿。在这种艺术氛围熏陶下，徐素白的留青竹刻日臻成熟，自成一家，形成了与家乡土生土长的竹刻艺人完全不同的风格，海派气息浓郁。

画家朋友中，江寒汀对徐素白影响尤大。在和江寒汀的合作过程中，对画意的理解，对景物的层次安排和质感表达，徐素白充分听取江寒汀的意见。为探讨某个具体问题，徐素白会多次上门请教和切磋，直至双方都满意。因此，他在雕刻江寒汀的画作时得心应手，淋漓尽致。如刻制江寒汀《柳鸟荷花图》，徐素白在荷叶上加刻了露珠和被虫咬的残破，使作品更加生动真实，也更显示出刀刻的妙趣韵味，做到了笔所不能到的，而刀刻能得之。

花鸟山水画大家唐云是另一位徐素白艺术上的知己。唐云的绘画重意蕴，徐素白雕刻唐云画作的刀法必须与刻制江寒汀的不同。同是一片荷叶，刻江寒汀画作，须用刀精细；而刻唐云的，则须洒脱。徐素白采用不同的刀法，使各家绘画的风格充分体现。唐云称徐素白为"现代刻竹艺人之杰手"。

徐素白还特别留意观察大自然。各种树木花草的外形特征，甚至树叶花瓣的脉络纹路，他都要反复揣摩，深入细微。他养鸟养鱼，乃至蟋蟀、蝈蝈之类的小昆虫，采集蜻蜓、蝉的标本，掌握它们各异的形态和细部特

* 徐素白《清香占四时茶叶罐》

* 徐素白《柳鸟荷花图》

征,并将之运用于竹刻艺术中。

1956年,上海市工艺美术研究室设竹刻专业,徐素白在该室从事竹刻。受党的"百花齐放,百家争鸣"的方针鼓舞,他开始创作具有时代特色的作品。1956年,他与江寒汀合作的《百花齐放》臂搁就是这一时期的代表作,现被上海博物馆收藏。此后的近二十年,是徐素白的创作旺盛期,主要作品由扇骨转为臂搁、笔筒、竹罐等,内容既有花鸟虫草、人物山水,也有一批具有时代特色的作品,如《春江水暖》、《春燕》、《稻香千里》、《鹰击长空》、《南湖》、《粒粒皆辛苦》等。作品更趋成熟精到,风格更为鲜明突出,刀法也由小写意向大写意的转变。

在徐素白之前,留青竹刻的刻家都用较深的进刀度表现景物的层次感,而徐素白却是用刀刻出竹片上的中国画,追求的是刀笔融合,表现的是笔墨韵味。因此,他进刀度较浅,只在竹青这一浅表层上,把握不同的深度,形成层次变化。他阴阳并蓄的刀法,造成浓、淡、干、湿的笔触,体现各种景物的不同质感。如他刻的《荷花柳鸟》,令人惊艳的是,连荷叶正反面的不同叶脉纹络都有生动表现。他作品中的夏蝉、蜻蜓,不仅翅翼的脉络清晰可见,而且两翼的重叠处及翼下身体也若隐若现,层次丰富。在他的刀笔之下,《海棠小鸡笔筒》中雏鸡那一身绒绒细毛,似乎触之可及;《百花齐放》臂搁中的一片花瓣也能分几个层次,观之仿佛觉得有水分在花瓣中滋生。

《解放日报》文博版主编、作家陈鹏举2007年曾写过一篇题为《留青竹刻》的"文博断想",文中对徐素白评价极高:"二十世纪的留青竹刻和一个名字连在了一起,这个名字是'徐素白'。""徐素白开创了留青竹刻的新纪元。""竹刻走到了徐素白的年代,毋庸置疑地成为了艺术。""他刻唐云的画,他就是拿刀的唐云,他刻程十发的画,他就是拿刀的程十发。"

徐素白神奇的刻刀让文人画的情趣、意境再现于竹上,留青竹刻由于

徐素白的创造,从民间工艺走入大雅的艺术殿堂。

留青竹刻第一家

"刀小创万物,虫鸟和鸣声犹在;竹片如沃野,百花争艳有遗香。"
1975年10月3日,一代留青竹刻大师徐素白走完了他"静气萋萋刻精神"
的人生之路。徐素白走了,他的艺术却永留了下来,并且一家三代传承。
徐氏当之无愧地成为现今留青竹刻第一家。

徐素白有五子,二子秉言、三子秉方子承父业,为当代留青竹刻大师。

父亲的言传身教使徐秉言和他的兄弟自小与书画、竹刻结下了不解
之缘。然而高中毕业后的徐秉言最初刻的并非后来让其名声大振的竹
木,而是塑料制品厂的产品——烟灰缸,每天要刻千余只。这样的经历于
秉言无异是一种磨练。之后,热爱艺术的他就读于无锡轻工学院造型美

术系,在系统学习中国画和艺术理论中对传统艺术有了深刻的理解。

徐秉言的人物、山水、花鸟都画得很好,从他写给我的笔墨看,其书法也极有功底。善书能画使他在刻竹时左右逢源,得心应手。他在《徐秉言竹刻木雕》一书的《序2》中说:"人说书画同源,其实刀笔更是同根同源,刀还先于笔。雕刻艺术的创新有赖于书画艺术的创新。懂画会画是刻家的必修课。"秉言深谙艺术之道。刻家历来有雅俗之分,文化学养艺术底蕴的是否深厚是竹人雅与俗、竹品雅与俗的分水岭。嘉定竹刻的历史辉煌是因为当年嘉定竹人多为皇皇大家,嘉定竹刻后来的衰落也皆因文化的衰弱。读着秉言的这寥寥数语,我恍然明白今日徐氏兄弟的作品之所以不同于一般匠人刻件的原因所在。

秉言的擅长书画使他的工笔留青竹刻极具功力。他有一件题为《活泼天机》的臂搁,松枝上一只灵动的松鼠圆睁双目,全身的毛茸在秉言的刻刀下细致入微,疏密有序,观之有觉其绵软,给人一种触摸的手感。这种感觉我在观其父徐素白的《海棠小鸡笔筒》时曾经有过,可见秉言是深得素白大师真传的。

秉言的写意留青竹刻更富造诣。如果说徐素白后期的留青竹刻已从写形转向写意(如与唐云合作的《荷花》),那么徐秉言则将写意留青竹刻推向了一个新境地。在《徐秉言竹刻木雕》一书中,归入写意一类的作品有《日色花光一片》、《天生丽质》、《秋之歌》、《拉萨舞步》、《泽国双龙》、《亭亭玉立》、《活泼天机》等。

其实这些作品的局部仍不乏工笔,如《活泼天机》中的小松鼠、《泽国双龙》中的螳螂等。但从整体看,那种墨在宣纸上的晕散,那种水墨画的韵味,都给人以放意纵横、恍惚迷离的意蕴。《天生丽质》所表现的孔雀也是细工与挥洒的完美结合,孔雀羽毛有疏有密,厚薄不一,诚如陈传席教授评论所言:"虚处反实,实处反虚,对孔雀颈部的羽毛,用排刀法刻出大写意笔意，表现出了孔雀曲项相望的动感，工写粗细对比强烈而又和谐，刀法变化无穷而又协调。可谓是心手相应，妙入三昧，亦不知刀耶？笔耶？"

《秋之歌》可谓是秉言写意留青竹刻的代表作，一叶芭蕉从上而下挂落，占据几乎一半的画面，上方一枝竹叶三两撮与芭蕉相叠，或虚或实，浑然相融。芭蕉下方，一块山石，一丛小草，秉言都以大写意表现之，却极有层次。只有立于山石的小鸟，秉言是用工笔刻划的，细致到每一根羽毛之纹路，栩栩如生。鸟儿啼唱美妙的"秋之歌"，这正是秉言此作的点睛之处。《秋之歌》问世那年秉言已是55岁，在创作上虽正当盛年，在生命的历

* 徐秉言《秋之歌》

程中却已近秋天，引喉高歌，唱一曲激越的艺术人生之歌是否秉言内心的表白？

小小竹片有时会让秉言的大写意感到意犹未尽，于是他听从程十发等大师的建议，在红木雕刻上笔墨酣畅地施展他的才情，被艺术家誉为"一枝独秀"，名播海内外。

徐秉言在说到他弟弟、当代留青竹刻大家徐秉方时不无赞赏，说秉方的造诣可谓"青出于蓝而胜于蓝，既继承了家父又有超出和新的开拓"。

我最早知道徐秉方是在王世襄的文章中。1977年，王世襄《竹刻艺术》初稿完成，给当时已在国内小有名气的徐秉方写信，请他提供意见，并要征集徐氏父子的作品编入书中。1980年，《竹刻艺术》由北京人民美术出版社出版。在这本书上，我知道秉方子承父业并酷爱这门艺术，颇有建树。秉方给我留下深刻记忆的当代嘉定竹刻的传人张伟忠1992年拜他为师。我想张伟忠是今日嘉定竹人中的出类拔萃者，愿意以秉方为师，而且

* 王世襄给徐秉方写信

一直相交甚笃，秉方的刻竹造化必定非同凡响。此后，海内外的拍卖会上屡有消息传来，秉方的留青作品屡创当代竹刻拍卖价新高，媒体也纷纷称其"海内留青第一家"。许多年过去了，秉方的留青竹刻，更是炉火纯青，至臻至美，无人企及。

徐秉方刻竹，究其源还是由于父亲徐素白。徐素白虽为一代宗师，一生却相当清苦，据秉方回忆，其父几十年睡的一张简易床架居然只有三条腿。大师身怀绝技，却不希望儿子继承。秉方得父亲"真传"，全凭刻苦。一次父亲来到常州工艺雕刻厂，发现秉方在浅刻上有创造，心中一喜，便开始寄予厚望。父亲病逝之后，留下一副刀具，一块磨刀石和著名书画家冯超然、沈尹默、唐云、江寒汀、白蕉等人所画的扇骨。徐秉方从此更执着于留青竹刻。

徐素白闯荡沪上50余年，画界多好友。徐秉方自幼跟父亲出没大画家府上，耳濡目染，谙通笔墨。1975年，父亲病逝后，唐云等大画家对秉方关怀有加，秉方刻竹，请唐云画稿，大师都有求必应，并指点其刻刀如何达到笔墨难以达到的效果。

徐秉方的艺术道路冥冥之中似乎一直有贵人相助，唐云、程十发、谢稚柳等海派画家无疑是他的贵人，著名文物鉴定家和收藏家王世襄更是其难忘的知遇之恩。在当代竹刻让人最看不到希望的时候，王世襄注意到了徐秉方正默默地继承着中华古国这门传统艺术。上世纪七十年代末、八十年代初，王世襄通过编撰《竹刻艺术》，与徐秉方相识，之后颇多往来，成了忘年交。

书画大师启功为王世襄画了一幅山水竹片，王世襄把徐秉方请来北京。启功这幅山水画中的云雾，徐秉方从没刻过，此时却一气呵成。王世襄大为赞赏，当即题诗："变幻无如岭上云，从来执笔写难真。如今不复抛心力，且画源头洗眼人。"王世襄在《父子竹刻家徐素白、徐秉方》一文中

* 徐秉方父女2001年在北京看望王世襄夫妇

介绍秉方的《莲塘鸣禽图》臂搁时写道："柳枝斜下,上栖鸣禽,幽境无人,百啭不穷,羽毛细入微芒,神态犹为自若。柳下荷叶三柄,正面的两张,蚀孔斑斑,已是残盖;一张只见背面,尚饶生意。他对正背两面筋络,老嫩两般叶片,尽心刻画,连粗糙欲干和着指微涩的不同手感都表达了出来。藏在叶下的荷花又饱满轻盈,红衣欲坠。"王世襄称赞他"已经熟练地继承了父亲的刀法,大有可观"。

由此,我感悟"贵人"之所以"相助",还在于相助之对象必须具备两条:一是对艺术的执著,二是本人的不凡天赋。这两条徐秉方都具备。

上世纪七十年代末,中华五千年文化蒙遭劫难不久,为传统文化守望一生的王世襄眼看竹刻艺术香火将灭,老人不甘心啊!他寻找着振兴竹刻艺术的领衔人物。慧眼识英雄,他找到了徐秉方,他让徐秉方担此重任。徐秉方当之无愧。

1983年，美国纽约举办"中国历代竹刻展"，当代竹刻作品入选仅5件，徐秉方一人占了3件，海外媒体称徐秉方为"当今中国最优秀的竹刻家之一"。中央电视台播出《海内留青第一家》的个人专题片后，更是声誉鹊起。

　　《莲塘鸣禽图》臂搁是徐秉方早期作品，这一时期的作品以工为主，可谓极工，精细入微。此后，徐秉方屡屡突破自己，尤其是《黄山松云》等表现山水的作品可谓出神入化。上世纪80年代，徐秉方游过黄山后，对古代留青竹刻中的山水作品作了研究分析，他发现明代张希黄的山水、亭台、人物都刻得极精致，唯独缺少云。他猜测张希黄当时刻云肯定很难，书画中的云雾，可用空白表现，而竹只有竹青和竹肌两种颜色，刻时无法用简单的留白来处理。此外，云雾变幻，竹刀难以虚虚实实之间的转换。徐秉方的黄山之行找到了灵感。在他的《黄山松云》中，云雾所到之处，模糊甚至隐去山石的边界，再以较明亮的色彩表现山石、较暗的亮度表现云雾，就形成了群山在云海中时隐时现、似真似幻的感觉。《黄山松云》一经问世便被许多刊物刊登，受到收藏界关注。此作现被海外一大收藏家珍藏。

　　1999年，中国工艺美术学会在上海举办首届中国工艺美术大师精品

* 徐秉方《黄山松云》

展，以留青竹刻蜚声海内外的徐秉方此前在江苏连高级工艺师的职称都没有，更无国家级大师的头衔，主办方将他作为特邀对象参展，并为他特设陈列室。参观者对秉方参展的20件作品赞不绝口，称他是真正的大师。时任上海市委副书记的龚学平在秉方的展柜前称赞他的作品"品位很高"，同时又为上海工艺美术所徐素白、支慈庵等前辈大师故世后，留青竹刻后继无人深感遗憾。

冥冥之中，徐秉方像是听到一种召唤，是父亲徐素白15岁就只身闯荡的城市的召唤，更是海派留青竹刻薪火相传的召唤。此后不久，他全家在上海落户。他的"博爱竹斋"成了海上文化的一道独特风景。

＊程十发为"博爱竹斋"题名

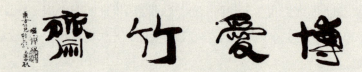

现在，徐秉方全家都已定居沪上，上海这个海纳百川的国际大都市以她的博大的包容性使徐素白的香火久远萦绕，使海派留青竹刻艺术久远流传，这是海派文化之幸事。

留青竹刻春常在

启功曾有一诗赞秉方："四百年来论竹人，三朱两沈记犹新。于今奕世传精诣,喜见毗陵步后尘。"三朱二沈是指明清竹刻大家朱松邻、朱小松、朱三松三代和沈汉川、沈两之两代。历史上竹刻世家除"三朱二沈",还有相传三代四代的王氏、封氏,相传七代的时氏。当今的徐氏家族,徐素白之后有秉言、秉方,第三代有徐文静、春静等,刻竹已绵延三代,颇有前人遗风。

自幼耳闻目染,使徐文静、徐春静很小的时候就迷恋上刻竹。十余年的玩竹弄刀,她们以女性特有的细腻、委婉,使自己不时有佳作问世。

秉方很早就开始对两位千金的培养,不仅言传身教,而且让她们分别在无锡书法艺术专科学校、上海中国画院花鸟专修班深造。艺术素养和书画功底的提升和积累,使她们日后的作品一经问世,便引起艺术界的关注。上海博物馆馆长陈燮君称她们为"名副其实的徐氏竹刻第三代传人",曾任江苏省委宣传部副部长的作家刘向东在评论徐文静的作品《芦苇深处—鱼鹰图》时更赞不绝口:"这幅作品透出浓浓的清秀灵动气韵,犹如一幅淡淡的水墨画……美不胜收,妙不可言。"她在第三届中国工艺美术大师精品展上的获奖作品《红梅不屈服》,老梅参差不齐的枝条、疏密有致的花朵,傲霜斗雪的精神被刻划得淋漓尽致,无愧为当代竹刻之精品。身为南航空姐的徐春静虽业余刻竹,却也出手不凡。她的作品《寿中客》由10帧竹片组成,画面上13头水仙,花萼绿叶无不栩栩如生春意盎然。2000年12月,她以此作首次应邀参加第二届中国工艺美术大师精品展,竟一举摘取桂冠,荣获金奖。《解放日报》文博版主编陈鹏举说到那两位千金时,溢美之词流露无遗:"她们的留青竹刻灵动和传神,真正可以说和她们的青春一样美。"鹏举为徐氏三代竹人写过长句,诗中"更有二女似湘妃,春心双双向青竹。萍踪历历入相思,静气娈娈刻精神。晋唐文字大宛花,都向纤指求千春"等句无法掩饰他对文静、春静及其作品的青睐。

徐氏后人中,徐秉言子徐枫、媳杨玲琳、女徐云、婿沈华强等也得世传留青衣钵,成为竹刻世家传人,作品《步出夔门行笔筒》、《双锦鳞笔筒》、《山水臂搁》等也颇为引人瞩目。

来自竹刻之乡嘉定的张伟忠是徐秉方颇为得意的弟子,深得嘉定传统竹刻技艺的张伟忠深感其在表现现实题材时的局限,1992年,他在继承嘉定传统竹刻技艺的基础上,拜徐秉方为师,其目的是想多方面吸收艺术营养,从而丰富嘉定竹刻的表现手法。十余年来,伟忠虚心、刻苦,时有佳作问世。代表作《水仙留青插屏》兼收浮雕技法之精髓,又充满着留青的书画韵味,于清秀、内敛中透出俊朗之气,2006年获"上海民族民间艺术博览会"金奖、"百花杯中国工艺美术精品奖"金奖。笔者所藏其留青臂搁《荷塘清趣》,荷花荷叶深浅浓淡、虚实枯湿,也颇具神韵。嘉定传统竹

* 张伟忠留青臂搁《荷塘清趣》

刻与海派留青艺术在张伟忠的作品中交融，使他自成一家。

张伟忠以及近些年里脱颖而出的徐竹表、黄宏疆、詹仁左、王顺建、黄光大、徐伟民、朱淑红、陈玲莲等新人，以刀代笔为海上留青竹刻书写着百花竞艳的春天。海派留青春常在。

源自土山湾的海派黄杨木雕

土山湾翻开了海派文化灿烂的一页。

一代又一代，土山湾木雕艺术在历史的长河中延续伸展。1933年，一个7岁的孩童被送进土山湾孤儿工艺院，他在那里一共呆了近20年。他就是土山湾木雕艺术的最后守望者徐宝庆。

2008年，"海纳百川"的上海又有海派黄杨木雕等24个项目入选第二批国家级非物质文化遗产名录。可惜的是，在申报过程中，海派黄杨木雕的创始人徐宝庆过世了。

土山湾虽已消逝，徐宝庆开创的海派黄杨木雕却成了永恒。

土山湾木雕牌楼在上海重现，是不是海派黄杨木雕重新兴旺的信号？但愿是。我相信在2010年上海世博会上，与百年土山湾牌楼一起亮相的必定有海派黄杨木雕新一代传人的佳作。

我知道土山湾的时间并不长。六、七年前，德国驻沪总领事夫人凯茜邀请我和殷慧芬去她在永福路的府邸喝下午茶。进了铁门，绿荫中老洋房的拱形窗上那斑斓的彩绘玻璃让我和殷慧芬连呼漂亮。凯茜是个中国通，对中国文化颇有研究。"土山湾！"她用有点生硬的汉语向我们介绍。我从此知道这令人眼花缭乱的华丽玻璃的产地：土山湾。

两年前，徐汇区在普查非物质文化遗产时，发掘了土山湾孤儿工艺院，并见诸于各种媒体。读着这些文字和图片，土山湾引起了我浓厚的兴趣。

土山湾不仅诞生彩绘玻璃，更诞生了包括海派黄杨木雕在内的许多中西文化交汇的工艺美术奇珍。

土山湾翻开了海派文化灿烂的一页。

并不遥远的土山湾

明清时，肇嘉浜、李漎泾（**又名法华泾**）、蒲汇塘流经徐家汇，因河流淤塞而疏浚，于是堆泥蒲汇塘河湾，称土山湾。

土山湾并不遥远。从上海斜桥到土山湾不过六、七公里，一条斜土路的路名也由此而来。

土山湾并不遥远。清同治三年（1864年），传教士将土山削平，设土山湾孤儿院。这个孤儿院的开办距今不过一百四、五十年。

1847年，耶稣会入驻徐家汇，修建天主堂、修道院、徐汇公学、藏书楼、工艺院、博物馆、天文台等，形成了以土山湾为中心，方圆十几里的教区范围。1864年创办的土山湾孤儿工艺院，收6—10岁孤童，"衣之食之，教以工艺美术"，先后设木工部、五金部、印刷所、画馆等，由中外教士传授技艺, 组织生产, 产品对外销售, 藉以自养。满足教会的传教需要是建立土山湾孤儿工艺院的直接动因, 不料却在无意间书写了中国近代艺术史上海派文化的绚美华章。

土山湾孤儿工艺院开办不久, 西班牙修士范廷佐（Jean Ferrer）从董家渡将画馆迁至土山湾, 教孤儿学习素描、水彩、油画及版画。土山湾画馆成了上海乃至中国最早的传授西洋美术的机构, 使欧洲油画以较完整的体系在中国出现。此后几十年里, 画馆经久不衰, 周湘、徐咏清、杭稚英、张聿光、丁悚、刘海粟、徐悲鸿等一批蜚声中外的画坛大师在这里脱颖而出, 海上画派的开创者任伯年也曾在画馆学习西画。19世纪中晚期, 任伯年与长期执掌画馆的刘德斋交往甚密, 在他的影响下学习素描, 据说任伯年使用的3B铅笔, 也来自刘德斋, 用铅笔速写因此成了任伯年的习惯。

"中西文化之沟通, 该处曾有极其珍贵之贡献。土山湾亦有习画之

＊土山湾孤儿院绘画室

所,盖中国西洋画之摇篮也。"这是画坛巨匠徐悲鸿对土山湾画馆的评价。

我国著名油雕家张充仁(1907—1998)4岁丧母后,父亲把他送进土山湾孤儿院,在那里接受了西方艺术的启蒙教育。在中西文化的熏陶中,张充仁在土山湾打下了扎实的美学功底。1935年,张充仁抵达欧洲,顺利地考进了比利时皇家美术学院"高级油画班",师从巴斯天院长,当年他就考了第二名,并获奖学金;次年又被隆波教授相中,转入"高级雕塑班"。他为布鲁塞尔雕塑的大型城雕以及半个世纪后他再次赴欧为埃尔热、德彪西、法国总统密特朗塑像,使他誉满欧洲。1981年,张充任回国后专程去徐家汇拜访土山湾的末任管家、师叔余凯修士,表达了他浓浓的无法抹去的土山湾情结。

土山湾诞生了我国近代不少新工艺、新技术。

土山湾印书馆先后用活体铅字和石印工艺印刷,是我国最先使用石印术的场所,其铜版、珂罗版和三色版等制版技术,在上海处于领先地位。土山湾1894年成立照相制版部,将照相铜锌版设备和技术引入上海。

土山湾孤儿工艺厂的彩绘玻璃制作被誉为"远东独步者","中国彩绘玻璃,此为第一出品处"。20世纪初,彩绘玻璃工艺从法国移植传授而来,并逐渐形成土山湾工艺院独具特色的工艺品。彩绘玻璃先由画师出设计稿,题材多为圣像故事、人物、花草、鸟兽之类,再用颜料将图像彩绘于玻璃上,置炉中高温煨炙后,色彩渗入玻璃,绚丽异常。土山湾开创了中国建筑玻璃装饰的风气之先。上海的教堂、高档楼宇、银行、洋行等常用这些彩绘玻璃作为装饰品,广受欢迎。今在徐家汇天主教堂、瑞金宾馆、南昌路科技会堂、汉口路西藏路口的沐恩堂等处仍可见到它的靓丽丰彩。作品无论在风格上还是工艺技术上都与可与当时的国际品牌媲美,"观者无不为之惊叹"。笔者在德国驻沪总领事府邸所见彩绘玻璃,亦产于土山湾孤儿工艺厂,制作之精湛令人心醉。

土山湾孤儿工艺厂制造的镶嵌画、月份牌、风琴、塑像、木雕、中西鞋作、绒绣、编结等,也有很好的市场口碑。

1962年,山湾孤儿工艺厂正式宣告结束,前后绵延近百年,其工艺美术既受外来文化影响,也不可避免地融入了中国传统文化的元素。这些具有中西方文化特质的结合体,在土山湾诞生,在上海滩传扬、辐射,成了特色鲜明的海派工艺美术。

土山湾木雕

在土山湾孤儿工艺院中,画馆最为著名,但木工部的产品却最多,各种木雕作品驰誉中外,曾在世博会上屡获褒奖。

一座百年之前土山湾孤儿工艺院制作的牌楼,高5.8米、宽5.2米,曾参加过从1915年至1940年的三次世界博览会,当时被称"中国牌楼"。牌楼全柚木雕刻,部件多达数千件。从现存图片中可见木雕牌楼布局精巧,工艺不凡,所有细节均精致无比。牌楼前后各有牌匾,各书四个镀金大字,正面:"功昭日月",背面:"德并山河"。四柱雕有腾云蟠龙,吐火纳珠。柱础环饰42只狮子,大小狮子打闹嬉戏,柱上则雕刻着民间流传的道家故事。牌楼屋脊雕有双龙戏珠,屋脊的外侧雕有海豚,低首翘尾,姿态惟妙惟肖。被线串起的木球如同颗颗水珠腾云升起。

这座牌楼是1912年土山湾工艺院几十个孤儿,在葛修士的带领下耗时近一年雕成的。1913年,牌楼从上海运往美国旧金山,参加巴拿马世博会,从此开始了它颠沛流离之路。

1915年,在巴拿马世博会中国馆中展出的,还有土山湾选送的百余件艺术品和工艺品,它们与土山湾牌楼共同构成了一道奇特的东方风景线,显示着中华古国传统文化的无比魅力,在世博会上掀起一股中国热。之

后，美国芝加哥菲尔德自然历史博物馆在旧金山觅宝，对这座牌楼情有独钟，遂重金收购。土山湾牌楼在菲尔德自然历史博物馆主厅展出十余年，为一睹土山湾牌楼风采，各国游客纷至沓来，在当时传为佳话。

此后，土山湾牌楼又分别参加了1933年芝加哥的世博会和1939年的纽约世博会。牌楼以它那不朽的丰姿傲视群雄，展露着土山湾木雕艺术的辉煌。

土山湾牌楼是土山湾木雕艺术代表作。在1915年巴拿马世博会上，独占鳌头、赢得甲等大奖章的木雕《土山湾百塔图》同样精美绝伦。1921年出版的严智怡主编的《巴拿马赛会直隶观会丛编》记录说：土山湾出品的"各种人物雕刻和宝塔造像，曾在多次世博会上荣获褒奖，巴黎基梅（现译"吉美"）博物馆等还曾向其订购产品。1915年，美国举办巴拿马世界博览会，工艺院木工部也以自己的雕刻作品送展，最终获得金奖。当时的评论写道：'教育馆中中国赛品最出色者，为徐家汇学校出品之木雕刻。此校原为宗教教育，然其美术教授，成绩最优。'"至今徐家汇藏书楼还珍藏一本石印的《1915巴拿马万国赛珍会土山湾百塔图获赠头等奖凭》图册，其中木雕龙华塔编号36号。现宝塔虽下落不明，但从泛黄的照片上还是可以窥见巅峰时期的土山湾木雕作品。

屡经周折，承载着百年沧桑的土山湾牌楼如今已从大洋彼岸乘风劈浪，回归祖国，并将在2010年上海世博会上现身，其神韵将再次赢得世人对土山湾木雕艺术的赞叹。

一代又一代，土山湾木雕艺术在历史的长河中延续伸展。近些年，在中外艺术品市场上大放异彩的海派黄杨木雕，究其根源，其发祥地正是土山湾。

1933年，一个7岁的孩童被送进土山湾孤儿工艺院，他在那里一共呆了近20年。他就是土山湾木雕艺术的最后守望者徐宝庆，海派黄杨木雕的始创人。

孤儿徐宝庆之路

这是一张昔日土山湾木工部教学的照片，其中的刻木者就是少年徐宝庆，而站在一旁对少年进行指导的正是当年法国修士潘国盘。

徐宝庆(1926—2008)，浙江台州人，家庭贫寒，出生后便屡遭不幸，1岁丧父，3岁丧母，后由祖母送他进上海南市普育堂，7岁时又被送进土山湾孤儿工艺院。

他在孤儿院里一面读书，一面学艺，学过绘画、家具制作、乐器制作。他师从日本美术家田中德，逐渐掌握人体解剖学知识、明暗处理、透视、造型等技法，坚持每天练习素描和雕刻。从当年他所绘的《丰收》、《骑术》、《牧羊》等作品看，已显示了他的素描、绘画功底。两年后，他从绘画班转到雕刻工作室专攻雕刻，师从西班牙的雕刻家那勃斯戛斯，学泥塑，用刻刀刻画，在那勃斯戛斯那里，他知道了米开朗基罗、罗丹。那勃斯戛斯引

领着他学习希腊雕刻艺术。他的手一次次被坚硬的木料、石块扎破，每次他用布包一下，咬咬牙，再刻。凄苦的童年使他历经磨难，同时也砥砺着他的坚毅意志。1944年，徐宝庆满师。满师作品《解剖人》的整体比例、局部结构，都充分显示了他对人体结构的准确掌握和木雕技艺的不凡。1945年，他的木雕作品《圣母子》、《圣家族》等参加"宗教艺术展览会"展出，引起轰动，《传教报》以他的作品作封面，徐宝庆从而脱颖而出，一举成名，被世人所关注。

徐宝庆最初的木雕只为教堂雕刻，均为宗教相关用品。他把西方素描技法、线条表现和雕塑技巧与中国传统雕刻技法相结合，形成了圆润明快、刀法凝练的特点。抗战胜利后，徐宝庆步入他的木雕艺术的辉煌期。许多来土山湾的人对他的木雕青睐有加，作品常被购售一空。这一时期他的木雕材料更多地采用质地坚密的黄杨木，艺术个性突出，题材也不为圣经故事所囿，艺贯中西，注重反映现实生活，尤以善于捕捉灵动的瞬间独树一

* 徐宝庆《圣母子》

帜，从而形成了特色鲜明的黄杨木雕流派，这就是"海派黄杨木雕"。

土山湾开创了中西文化艺术交融发展之先河，是独特的海派文化的源头，深刻影响了中国近代文化艺术的发展。

土山湾培养了徐宝庆，土山湾也成为海派黄杨木雕艺术的发源地。

"哪里是我们的家？哪里是我们的家？土山湾工艺院，土山湾工艺院。它的历史悠久，它的规模伟大。那里的师长你爸妈，那里的生活真愉快。呀！我们忘不了它，我们爱护它。她是我们的家，可爱的家。"耶稣会神父丁斐作曲作词的这首土山湾工艺院校歌让许多当年的孤儿无以忘怀。从徐宝庆的雕刻作品中，可以看出土山湾同样对他也镌刻着深深的烙印。2003年，他的《黄杨木雕第一家》出版，其中《耶稣背十字架》、《耶稣逃难》、《若瑟》等等圣经题材，占了书中作品版面的20%。

徐宝庆在土山湾创作了大量木雕作品，传授和带教了一批弟子，造就了以融贯中西、注重现实、形式活跃、形象洗练为特色的完整的海派黄杨

* 徐宝庆《耶稣背十字架》

木雕艺术体系，他个人也在雕刻艺术界获得了很高的荣誉地位。

　　1957年，徐宝庆赴京出席第一届全国工艺美术艺人代表大会，1958年，应聘进入上海工艺美术研究室，成为解放后第一批工艺美术师之一。他创作的《农、林、牧、副、渔》大型樟木雕作品，陈列在北京人民大会堂上海厅，上海文庙的《孔子像》、无锡鼋头渚的《龙龟》等标志性巨作也都出自徐宝庆之手。1964年，徐宝庆被国家授予"雕刻工艺师"和"海派黄杨木雕创始人"称号。

　　正当他志得意满开创艺术生涯新的辉煌时，一切史无前例的浩劫席卷华夏大地。他没有躲过劫难。"文革"中，他被逐出上海工艺美术研究室，最后退守至自己仅9平方米的陋室中。每天从工厂"劳动"回来，他对黄杨木雕的挚爱使他放不下刻刀，他执着地试图用刻刀剔去周边的黑暗和内心的忧郁，雕刻着他心中的希望。

　　1976年，这场荒唐闹剧以"四人帮"的粉碎而宣告结束。年底，他回到了久违的上海工艺美术研究室，重又进入痴迷的创作境地。1979年，他被授予"为我国工艺美术事业做出重大贡献勋章"，2005年又被评为"上海工艺美术大师"。

漫漫七十五年的木雕创作生涯,徐宝庆将西方的雕刻艺术和中国传统雕刻技巧完美结合,创作了许多黄杨木雕精品,作品被上海博物馆、上海工艺美术博物馆收藏,记录了海派艺术的又一页光辉。

整天伏案雕刻,是徐宝庆在土山湾时就养成的习惯。晚年,他年迈多病,患有心脏病、高血压、关节炎等,用他自己的话说,有时一天吃的药比饭还多。每当痛风发作时,徐宝庆就用冰冻的肉块绑在红肿的手臂上继续雕刻。他从不主动去看病,每日晨起即戴上围单,进入工作状态,一天工作达十多个小时。

2002年,徐宝庆因心肌梗死作支架手术。在病床上,他仍不忘木雕艺术,他说:"我想用心制作一件木雕珍品献给上海世博会,让外国友人了解中华艺术。"

2007年12月18日清晨,82岁的徐宝庆照例准备开始一天的工作,突发的脑溢血使他倒在了工作台上。从此,他再也没有清醒过。令人感慨的是,发病的前夜老人还一直雕刻至凌晨0时30分。

2008年1月11日,徐宝庆逝世,走完了从苦难到辉煌的82年人生历程。

同年,由他创始的海派黄杨木雕被列入国家第二批非物质文化遗产保护名录。

徐宝庆作品赏析

在余姚河姆渡出土的文物里,有周身刻着大小不等圆涡纹的木鱼,距今已有七千年的历史。我国的木雕艺术历史悠久、源远流长,由此可见。

现存北京故宫博物院的黄杨木雕《铁拐李》是元至正二年（1342）的作品，迄今也已600多年。

黄杨木生长周期长，无大料，有"千年矮"之称。明李时珍在《本草纲目》中说："黄杨木生诸山野中，人家多种之，枝叶攒簇上耸，叶似出生槐芽而青厚，不花不实，四时不凋，其性艰长。俗说岁长一寸，遇闰则退。"李渔《闲情偶寄》也有此说："黄杨每岁一寸，不溢分毫，至闰年反缩一寸，是天限之命也。"黄杨冬不改柯，夏不换叶，李渔叫它"知命树"，有君子之风。

黄杨木因质地坚韧光洁，纹理紧密细腻，色黄如象牙，含有蜡质，被称"木中象牙"。

黄杨木雕因材质原因，宜作小件圆雕，如人物、花鸟、文房中的笔筒、

* 元代黄杨木雕《铁拐李》

笔搁、镇纸等小型摆件。精雕细镂、刻画细节是黄杨木雕的一个特色。成品的黄杨木雕工艺水平普遍较高。

以黄杨木圆雕《铁拐李》为例，此雕像通高35.7cm，立姿，身着破衣，肩系葫芦，围百结叶裙，瘦骨嶙峋，虬髯连鬓，赤足，一腿跷起，一腿直立，右腋下架一拐，左臂抬起，手捏一蜘蛛。作者准确把握人物形象比例和肌肉质感，对李铁拐的神情刻画极为细腻。虽相貌清癯、穷困潦倒，却丝毫不掩其仙风道骨。作品刀法健朗舒畅，镂刻精湛。

明末清初，由于文人参与，黄杨木雕和其它竹、木、牙雕刻一样，达到了鼎盛期。

温州乐清是黄杨木雕发源地之一。清末乐清艺人朱子常（1876—1934）、叶承荣将黄杨木雕从众多的木雕艺术中独立出来，自成艺术门类。2006年春季，北京嘉德拍卖会上，朱子常圆雕作品《仕女》虽仅10余厘米高，成交价竟达60万元。

上世纪40年代起，在土山湾孤儿工艺院学艺的徐宝庆开创了海派黄杨木雕的新天地。徐宝庆素描功底深厚，他的作品，融西方的绘画、雕塑艺术与中国民间木雕工艺为一炉，特点鲜明。

徐宝庆默默耕耘黄杨木雕70余年，作品构思新奇，用料精巧，内容新颖，讲究结构准确、神态自然，刀法干脆利落。他突破传统历史题材的束缚，作品大多表现现实生活，特别是日常生活中富有中国民俗情趣的场景。他所擅长的人物雕像，意趣浓厚，雕工细腻，圆转流畅。作品所表现的农村生活、儿童嬉戏、历史故事、宗教传说等题材，生动、真实、传神。

徐宝庆在表现风趣幽默的儿童和民俗题材时匠心独具，如《顽皮娃娃》、《帮助小朋友》、《五子戏龟》、《喂牛》、《丰收》、《拉大锯》、《送公粮》、《拔萝卜》、《梳头》、《腾飞》，以及《撑骆驼》、《司马迁》等，无不透露出浓厚的民俗文化意蕴和纯清的童趣。

* 朱子常《三星拱寿像》

* 徐宝庆的写生作品显示其素描功底深厚

黄杨木雕《撑骆驼》，取材于上世纪五、六十年代的儿童游戏。徐宝庆抓住游戏中意味深长的一瞬，充分运用圆雕技法，把两个天真烂漫的孩子刻画得栩栩如生。一个孩子微张着嘴，神情略紧张，两眼前望，两腿外伸，在奋力纵身一跃之间，凝集着小小男子汉的勇气；另一孩子则沉稳地弯腰拱背，侧脸回瞧，两臂下垂，眼里流露出鼓励同伴的神情。两个男孩的神态一张一弛，妙趣横生。观赏这件作品，今天的成年人在感受徐宝庆的艺术功力的同时，心中涌起的是一种深深的怀旧情感。童年虽贫困，却纯真无邪。《撑骆驼》在 2004 年被评为首届上海市工艺美术精品。

　　黄杨木雕《帮助小朋友》同样趣味盎然。放学时下雨了，大同学背着小同学，一脚深一脚浅地赤脚走在泥泞路上，背上的小同学怕雨淋湿大同

※ 徐宝庆《帮助小朋友》　　　　　　　　※ 徐宝庆《拉大锯》

学，将油布伞直往前撑，竟忘了自己背后被雨淋湿。另一相随的小同学就地取材，摘了张荷叶盖在头上，不无得意地瞄着同伴，似乎在说，他也有伞了。作品无语，动人的瞬间却无语胜有语。

黄杨木雕《丰收》取材于农村一景。作品构图简洁，布局合理，刻画细腻。秋收后，一对农民夫妇在脱谷机前手捧稻穗，满心喜悦。丈夫头戴斗笠，脸露笑意，赤膊显示着他那健壮的体魄，无言地诉说着丰收来自勤劳。妻子头扎毛巾，微垂着脸，似乎在听丈夫叙说，神情恬静温和。徐宝庆以独特的雕刻语言，刻画了当代农民在丰收后的欣喜和对未来的憧憬，场景虽普通，却极具生活气息，体现了海派黄杨木雕的民俗性。

黄杨木雕《司马迁》是徐宝庆的又一力作。作者以圆雕为主，略去与主题无关的枝节，把身陷囹圄的司马迁那刚正不阿表现得淋漓尽致。司马迁清癯刚强，神情凝重，铁链似在脖颈和脚踝处发出声响，那紧握千秋之笔的右手又显得如此有力，桌上的竹简、油灯、水盂，以及搁在旁边的枷锁等，在徐宝庆的刻刀下细致入微。司马迁肩上的那件单衣，更是线条流畅、飘逸。精确的雕刻手法，不仅把握了当时的人物性格，而且给予了观赏者在历史人物面前的凝重思索。

徐宝庆的黄杨木雕《张飞打督邮》，同样显示了这位木雕大师炉火纯青的艺术造诣。《张飞打督邮》高18厘米，创作于上世纪70年代末，是徐宝庆《三国题材系列》作品之一，取材于罗贯中的《三国演义》第二回《张翼德怒鞭督邮，何国舅谋诛宦竖》："飞大喝'害民贼！认得我么？'督邮未及开言，早被张飞揪住头发，扯出馆驿，直到县前马桩上缚住。"徐宝庆正是以此为题材，抓住一"揪"的瞬间，将猛张飞的形象刻画得呼之欲出。贪官督邮的狼狈在一"揪"的瞬间也被刻画得生动传人。

　　黄杨木雕有时为了使作品丰富舒展，又往往采用拼装、组合的办法，乐清黄杨木雕刻创始人朱子常就常用此法。徐宝庆不同，他的作品都是从一整块硬质材料上雕刻出来的，浑然一体，极具团块的整体感。这也许也是海派黄杨木雕的特点之一。

　　徐宝庆善选材，小叶黄杨木纹紧密，色泽较大叶黄杨更黄，蜡质含量也高，他一般用以刻小件，使之作品更显温润。色泽偏淡的大叶黄杨则用以雕大件作品。 刀法明快流畅，使徐宝庆的作品神韵灵动，入木三分。

＊ 徐宝庆《张飞打督邮》

后继应有人

　　刘巽先生曾在《雕刻家徐宝庆先生》一文中说,"徐宝庆先生是有影响的雕刻艺术家,平生以雕刻为乐,觉即提刀,寐不辍思,孜孜于木雕创作。所事有木雕、石雕、牙雕、角雕、砚刻、竹刻多种,各有造诣。其作品数以千计,硕果累累。先生以生活为师,取材广阔,上自神话传说、历史故实,下至当今民俗、百姓生活,旁涉走兽花鸟自然世界,随处采取而各有所发。尤以新鲜活泼的现实题材之创作为最著名,其艺匠心独运,篾径孤辟,具有鲜明的艺术风格与感人的魅力。"这样的一位艺术家,把一生献给了海派黄杨木雕。

　　半个多世纪以来,徐宝庆带过101个徒弟,可谓"桃李满天下"。但是,遗憾的是真正继承大师事业的,真是太少太少。徐宝庆曾为黄杨木雕的后继无人深为堪忧。

　　六、七年前,有人访问过这位老人。老人的卧室就是他的工作室。那是一个冬日,屋子里没有空调,也没有暖气,这样的室温对于耄耋之年的徐宝庆,确实有点冷。他与来访者谈话时,那双关节粗大的双手捂住一只搪瓷杯子,用杯里的水温取暖。那只搪瓷杯子上印有"上海工艺美术研究所"的字样。尽管"文革"中老人被迫离开过工艺美术研究所,但老人仍然对它情笃意深。那只搪瓷杯子,他用了将近20年,一直没有离开过他。

　　徐宝庆的工作室简陋,甚至寒酸,但当有人问他:"新年了,您的心愿是什么?"他没有对自己的局促工作环境和个人生活提出任何要求,他只说:"我一生有三个愿望:办一个展览;出一本书;办一个小工厂。我最大的愿望是能带几个徒弟,让家庭困难、身体有残疾的孩子把我的手艺学过去。现在就剩下这最后一个愿望了。"

　　2002年,上海工艺美术博物馆举办了"徐宝庆个人雕刻回顾展";2004年,徐宝庆作品参加杭州"全国艺术大师展览会";记录着徐宝庆黄

杨木雕鉴赏毕生心血的图书《黄杨木雕第一家》也于2003年由上海古籍出版社出版。徐宝庆的办一个展览、出一本书的愿望已经实现，他最放不下的还是后继应有人。

值得老人欣慰的是，2007年12月，徐汇区建立了面积达1 200平方米土山湾美术馆，美术馆的橱窗中陈列着海派黄杨木雕后人的作品。2008年，徐宝庆过世不久，由他创始的海派黄杨木雕入选第二批国家级非物质文化遗产名录，上海工艺美术研究所著名木雕师侯志飞和毛关福被列为这个项目的传承人。

1934年出生的侯志飞是徐宝庆嫡传弟子，解放初期，徐宝庆亲自带教了第一批弟子，共六人，侯志飞便是其中之一。1956至1961年，侯志飞在学艺阶段就有作品《和平幸福的歌声》、《看！咱们的成绩》在《解放日报》上发表。毕业作品《农家乐》得到了当时上海美协主席蔡振华先生的称赞，后入选1962年第一届全国美术展览会。侯志飞的作品生动活泼、立体感强，构图稳健活跃，擅长儿童题材的创作设计。前后四届全国工艺美术展览会都有其作品参展，除《农家乐》外，《讲故事》、《一定要解放台湾》、《飞跃》分别被选中参加第二、三、四届全国工艺美术展览会，并由中参加1972年第三届全国工艺美术展览会，并被《文汇报》、《上海文艺》、《广东画报》

* 土山湾美术馆

* 海派黄杨木雕后人的作品

等报刊竞相刊登，其中《飞跃》入选1978年中国邮政发行的T29工艺美术纪念邮票。侯志飞的作品十多次被选中参加世界各国文化交流展出，在日本、瑞典、印度、法国等国际友人面前展示着中国工艺美术的璨华。

除侯志飞外，海派黄杨木雕的另一传人毛关福，1965年毕业于上海工艺美术学校木雕班，师从海派黄扬木雕创始人徐宝庆；1986年毕业于上海大学美术学院油画系。现为中国美术家协会会员，中国工艺美术学会雕塑专业委员会会员、设计家分会副会长，上海交通大学中国艺术研究所特约研究员。科班出身的毛关福既有西洋美术深厚的功底，又有娴熟的中国传统艺术的技法，学贯中西、技通数门。木雕、油画、国画均有研究，雕刻尤有更深的造诣。毛关福的作品取材广阔、构图活泼、技法多变、风格独特，作品多次在新加坡、菲律宾、马来西亚、日本、南非等国展出。《大刀关公》、《关帝圣君》、《关公阅春秋》、《爱民山歌》等黄杨木雕作品广获好评。其它如《梦学》入选第九届全国美展，《拗手劲》入选第十届全国美展，《众星揽月》获98首届中国"槐花杯"环境雕塑大赛槐花奖，《金锁银锁》获2004年首届中国现代工艺美术展华艺杯铜奖，并入选2005年中国北京国际美术双年展。

为了实现海派黄杨木雕的保护和传承，徐汇区已投入专项资金确保这项国家级非物质文化遗产技艺得以发扬光大，并已对海派黄杨木雕的有关资料进行整理，广泛收集徐宝庆不同时期的黄杨木雕作品，成立专门收藏和展示的档案馆，并在徐宝庆的徒弟中选择热心于弘扬木雕艺术者作为新的传承人和辅导老师，在一些学校开办木雕技艺辅导班，逐步形成海派黄杨木雕的人才培养体系。

前不久，流失海外的土山湾牌楼已经回归祖国，自幼在土山湾长大的徐宝庆若地下有知，也一定会含笑九泉的。土山湾木雕牌楼在上海重现，是不是海派黄杨木雕重新兴旺的信号？但愿是。我相信在2010年上海世博会上，与百年土山湾牌楼一起亮相的必定有海派黄杨木雕新一代传人的佳作。

蓝白相间的梦

上海长乐路的一条弄堂里，有一家"中国蓝印花布馆"。

创办"中国蓝印花布馆"的是一位叫久保麻纱的日本老人，久保唤起了华夏儿女对消逝已久的蓝印花布的怀念和憧憬。

蓝印花布又称药斑布。

明正德《姑苏志》记载："药斑布亦出嘉定县境及安亭镇，宋嘉泰中有归姓者创之之，以布抹灰药而染青，候干去灰药，则青白相间，有楼台、人物、花鸟、诗词各色，充帐幔衾之用。"

清代嘉定籍大学者王鸣盛诗云："一九二九征雁飞，三九清霜秋叶稀，四九夜眠如露宿，催裁药布制寒衣。"生动地描绘了家乡百姓以药斑布制衣的情景。

我寻梦般追逐的蓝印花布竟与自己脚下的这块土地有关，大有"众里寻他千百度，蓦然回首，那人却在灯火阑珊处"的欣喜。

上海长乐路的一条弄堂里，有一家"中国蓝印花布馆"。那是一幢两层的老房子，外墙浅色的黄已经斑斑驳驳。走进圆形拱门，琳琅满目的蓝印花布顿时扑入人们眼帘，服饰、桌布、垫子、挎包……所有陈列的商品全是蓝白相间的花饰，变幻无穷，房间家居的布置也全是这美丽无比的蓝印花布，院子里晾着的也是蓝白相间的图案。

上世纪九十年代初，一个秋日的午后，我和殷慧芬在这里仿佛置身于蓝色的梦中。这梦，是一种久违的温馨和静谧。我们当即买下喜爱的服饰，化费在当年已算不菲。走出弄堂，无法掩饰的喜悦之情驱使我们再次抖开服饰，一边走一边欣赏，那蓝色图案与秋阳下路两侧梧桐树金灿灿的黄叶互为交织，美得让人心醉。

* 上海长乐路的中国蓝印花布馆

* 蓝印花布馆的陈设

* 蓝印花布馆院内晾晒

众里寻他千百度

创办这家"中国蓝印花布馆"的是一位叫久保麻纱的日本老人,作家吴泽蕴写过一篇文采斐然的散文《久保麻纱和中国蓝印花布》,记录和颂扬了老人在中国各地奔走、寻访和建立这家蓝印花布馆的动人经历。

久保唤起了华夏儿女对消逝已久的蓝印花布的怀念和憧憬。

以后的日子里,每每游历江南古镇,这摄人心魄的蓝印花布一次次让我们倾倒,在同里在西塘在朱家角,一见店堂里蓝与白的纹饰,我们就像听见历史的回响,就会驻足不前,陶醉其间。在乌镇,宏源泰大染坊晾晒场上,十来米高的木架上垂下的蓝印花布呼啦啦在风中飞舞,铺天盖地,像是海浪涌动,惊心动魄。我们穿梭其间,享受着这蓝与白的艺术魅力。

* 染坊晾晒场

在南通，有个叫吴元新的办起了蓝印花布艺术馆，我们知道后专程前去。濠河因她而更加美丽。吴元新收集、收藏的古旧精品让我叹为观止，五福拜寿、龙凤呈祥、凤穿牡丹、吉庆有余、鹿鹤同春、鸳鸯戏荷等美丽图案让我领略了古人对美好生活的憧憬，更让我感叹他们在蓝白之间的丰富想象。

蓝印花布又称药斑布。在参观南通蓝印花布艺术馆时，我吃惊地发现"药斑布出嘉定及安亭镇"之说，激动不已，寻梦般追逐的蓝印花布竟与自己脚下的这块土地有关，大有"众里寻他千百度，蓦然回首，那人却在灯火阑珊处"的欣喜。

美丽的梦总与美丽的传说相关。

传说古时候青年梅福无意中摔在泥地里，衣服变成了黄颜色，怎么洗也洗不掉，但人们看到后却很喜欢。他把此事告诉他的好朋友葛洪。后来他俩专门从事把布染成黄色；又一个偶然机会，他们把布晾在树枝上，不小心落到地上，地上正好有一堆蓼蓝草，草里有一种叫靛蓝的成分，把布染成蓝色。他们发现这块布的时候，黄布已成花布，青一块，蓝一块。他们想奥秘肯定在蓼蓝草上。此后，两人反复研究，找到了染蓝布的奥秘。

传说中的梅、葛两人似乎是蓝印花布的始祖，其实却不是同时代人。梅福是西汉末年人，因其曾任洪都（今南昌）尉，在祭祀牌位上称他"汉洪都尉"。又因他是安徽寿春人，后弃官求仙，因此后人也称其为"寿春真人"。葛洪是晋时人，因有战功，被封"关内侯"，祭祀牌位上称其"晋关内侯葛"，他是有名的道士和炼丹家。这两位被后人奉为染布作坊"染布缸神"。美丽的传说将两人联系在一起，并且神化，民间的想象可谓丰富。

在上海安亭，一位叫王元昌的老人向笔者提供了关于梅、葛二仙更具

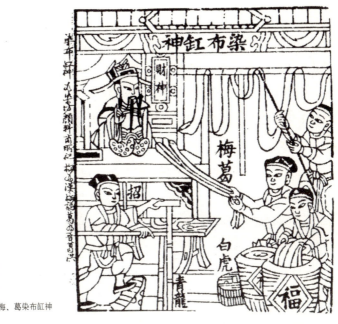

＊梅、葛染布缸神

体的传说，古时吴淞江北岸的安亭吕浦村长有蓼蓝草，江边一贫困农户家里养了两只羊，夫妇俩白天在田间忙于农活，忘了割草喂羊，傍晚收工时随手在路边摘些蓼蓝草回去给羊吃。谁知第二天去羊棚，羊未吃蓼蓝草，而原先的绿叶却变黄、呈蓝，自己的手指因采摘过此草也呈蓝色，用水洗，洗不净。夫妇俩忽发奇想，如果用此草染白布，一定漂亮。他们在岸边采摘大量蓼蓝草，置于大缸中，注水，上盖木板，板上压石灰。隔日黄昏，夫妇俩只见缸水呈黄却不见蓝，心中纳闷。此时门口来了两叫化子，衣衫褴褛："我们是要饭的，现在前不见村后不见店，想在你家借宿。"夫妇俩在缸边铺了干柴，拿出棉被，安顿他们住下，不料俩叫化子还要男主人陪他们喝酒。酒菜放在缸盖上，叫化子随身携带的一葫芦中，酒似乎永远喝不完。喝至三更，三人大醉呕吐入缸，缸盖上的石灰又不慎滑入缸中。三人倒头大睡。翌晨，叫化子告辞，男主人叫来妻子，准备把一缸脏物倒掉，却意料发现一缸蓝靛色。原来要使蓼蓝草变靛蓝色，须加适量酒和石灰。事后，夫妇俩得知，叫化子原来是染仙，一个叫梅福，一个叫葛洪。染神把染蓝的秘诀告诉了这家淳朴勤劳的安亭农户。

梅葛二仙化装乞丐四处游走，指点穷人如何染色，以后各地染坊都在店铺中供奉这两位染神，遇过年或梅、葛两人的祭日，染坊还常有祭祀活动，以祈求染神保佑。

上溯到春秋战国时期，大思想家荀子目睹蓝草的色素转化过程及染出由黄变绿、由绿变蓝、再变青的过程，发出"青，取之于蓝，而青于蓝"的感叹。1959年，在新疆于田屋来克的东汉墓中出土的蓝印花布残片，已经印制得很精细，由此而及，说明东汉时期蜡绘靛蓝防染的印花技艺已颇为成熟，至今已有1 700多年历史。北魏贾思勰所著《齐民要术•种蓝》，记述了从蓝草中撮蓝靛的方法，再次说明印蓝工艺的历史久远，蓝印花布的出现均在宋之前。

明正德《姑苏志》记载："药斑布亦出嘉定县境及安亭镇，宋嘉泰中有归姓者创为之，以布抹灰药而染青，候干去灰药，则青白相间，有楼台、人物、花鸟、诗词各色，充帐幔衾之用。"《古今图书集成*职方典》也有类似说法。这是说至今流行的蓝印花布印染工艺源自安亭。

安亭这个地方

安亭历史悠久。

安亭地处古冈身西侧，早在六千多年前就已形成陆地，1963年，安亭曾出土西汉陶罐，证明汉代已有先民在此繁衍生息，圩田耕殖，甚至已有村落。

安亭境内的江南名刹菩提寺，始建于三国吴赤乌二年（239），至今已有1 700多年的历史，传说为孙权之母吴氏的香火寺。论年代之早，有江南第一寺之誉。

安亭境内有棵千年古银杏，树高24.5米，树冠直径20米，树干胸围6.5米，四个人才能勉强合抱。前人称其"高入云际，一出南翔即见此树"。这棵古银杏树龄1 214年，植于唐德宗贞元元年（785），是上海市所有1 451棵古树名木中树龄最长的，因此被编为上海0001号古

* 上海0001号古树名木

树名木。

安亭文化底蕴深厚。

明代著名学者归有光,长期居安亭世美堂,在安亭讲学二十余年,并完成他成为文坛泰斗的大部分文学著作。

明成化至嘉靖年间,安亭出了两位闻名遐迩的戏剧家沈采和沈龄。昆山时以昆曲名噪天下时,其实安亭也是昆曲发源地之一。

安亭经济繁荣。

明清时代安亭因水陆交通方便,农业、手工业经济发达。"数廛小市一江分,鱼板饧箫夹岸闻;日晚井亭南下路,钓船撑入鹭鸶群"(清*王丕烈),说出了安亭井亭桥周围当时的繁荣。

沈万二、沈万三兄弟是安亭历史上的著名巨商,清代陈树德的《安亭志》曾有沈万二为朱元璋平定张士诚献粮的记载。冯梦龙在《智囊》中有记述:洪武初,嘉定安亭(沈)万二,元之遗民也,富甲一郡。

"安亭",也许是上海最早出现的地名之一。"亭"者,停也。亭在古代原是供行人食宿停留的处所,秦汉制度,十里一亭,十亭为乡。《汉书·王莽传》中记载郡县以亭为名者有360个,由亭发展升格为县为郡。安亭到北宋建隆元年(960)称安亭乡,属平江府昆山县。到1218年嘉定立县,安亭镇由二县分治,大部属嘉定县。

印花布之盛,源于嘉定境内盛产棉花与蓝靛。嘉定地处江南水乡,襟江滨海,地高土沙,宜于棉花生长。早在南宋时期,嘉定的棉布已经十分有名。据明朝王鏊《姑苏志》记载:"木棉布,诸县皆有之,而嘉定、常熟为盛。"元代元贞年间(1295—1296),黄道婆从崖州回到松江,传授棉纺织先进工艺。"嘉定尽得其弹弓、纺车、踏机、掷梭之法"。在黄道婆的启发下,加以改进,"坚致而利用"的黄渡徐家织布机名噪一时,棉纺业出现了前所未有的兴旺繁荣。"嘉邑之男，以棉花为生。嘉邑之女，以棉布为务。棉花以始之，成布以终之"。以致江南巡抚周忱"以邑不产米，家习纺织，奏请民输布一匹，准（代替）米一石，邑受其惠。"明代时徽州布商云集嘉定，将嘉定棉布运销南北各省。

明清时期的嘉定纺织业，遍地开花，灿若群星。飞花布"以染浅色，鲜妍可爱，他处不及"；丁娘子布"纱细工良"；扣布"光洁而厚"；斜纹布"斜纹间织如水浪胜子，精者每匹值至一两，匀细坚洁，望之如绒"；还有线毯、紫花布、茶花布、高丽布等，品种达20余种。到光绪年间，"洋布盛行，土布日贱，计其所赢，仅得往日之半。"手工纺织业开始寥落，继之而起的是现代纺织业。清末有印有模，在上海经营花纱业，赴美考察归来带回大批美棉种子，免费分发家乡农民，并请专家下乡指导试种。嗣后，有以嘉丰纱厂为代表的现代棉纺织业，其产品质量高，管理水平亦高，在上世纪80年代获得全国第一批出口免检产品的荣誉。"嘉丰风格"成为全国纺织业的榜样。

地处嘉定境内的安亭，棉布为安亭历史上最有名的土特产。蓝印花布在安亭发源并盛极一时，是有着其天时地利人和的诸多得天独厚的因素。清《安亭志》记载有七种，除药斑布外，还有浆布、黄布、棋花布、线毯、被囊、高丽布，可见品种繁多。

安亭蓝印花布的起源也很传奇，在安亭采访时，当地制作的宣传片《安亭药斑布》向笔者叙说了归氏的故事：宋嘉泰年间的一天，归氏晾布时不慎将蓼蓝草汁混在石灰浆中沾到白布上，归氏起先并不在意，布晾干后，用刀刮去石灰，白布上竟出现蓝色斑点。出于好奇，归氏用蓼蓝石灰浆在白布上描绘各种图案，晾晒后白布上的蓝色花纹极美，归氏大喜，反复揣摩，捉摸出染制工艺，并在乡间广为传授，日后竟风行大江南北。

源自蓝草的美丽

北方有些地区称蓝印花布为"苏印"，这是因为现在流行的蓝印花布制作工艺发源于江苏。历史上称"苏印"并不错，因为1958年以前，药斑布创始人归氏所在的安亭镇尚属江苏省。

蓝印花布的染料以蓝草为主要原料，蓝草主要分为四种，即蓼蓝、山蓝、木蓝、菘蓝。浙江、福建、云南、贵州产山蓝，山东、湖北产蓼蓝、菘蓝，台湾地区产木蓝、山蓝。江苏以盛产蓼蓝闻名。

处于昆山与嘉定交界的安亭气候温暖湿润，很适合蓼蓝草的生长。每年五月，是收割头蓝的季节，收割二蓝约在大暑季节。割蓝那天，农人凌晨3点就起床，因为所割蓝草须在日出前完成，这样的蓝草出靛率最高。收割后的蓝草被束成小捆，头向下放入坑中，灌满水，待出蓝后捞出茎叶，并加适量石灰水使蓝靛下沉，最后坑中蓝靛上多余的水流出，待蓝靛成泥状土靛后装于陶制坛中，留作染布用。《齐民要术·种蓝》专门记述了从蓝草中撮蓝靛的方法："七月中作坑，令受百许束，作麦秆泥泥之，令深五寸，以苫蔽四壁。刈蓝倒竖于坑中，下水，以木石镇压令没。热时一宿，冷时再宿，漉去荄，内汁于瓮中，率十石瓮，著石灰一斗五升，急手搣之，一食顷止。澄清泻去水，别作小坑，贮蓝淀著坑中。候如强粥，还出瓮中，蓝靛成矣。"这是世上最早的蓝靛制作工艺的文字记载。蓝靛，主要用于染蓝布，还用于绞缬、夹缬的染色。

蓝印花布的夹缬工艺是用特定木板镂刻而成，布匹对折夹在两片刻有同样花纹的木板中间，捆扎后投入染缸中染色，待去掉夹板后，便显出蓝底白花图纹。因夹缬工艺较为复杂，所刻花版费工费时且易变形。南宋时，安亭归氏将此法加以改进，用于印染蓝花布，名为"药斑布"，又名"浇花布"。

据安亭介绍，染料的配制极为讲究，一般5斤蓝靛配8斤石灰、10斤米酒，石灰多则缸"老"或"紧"，蓝靛会下沉，不易上色；米酒多则称缸"松"或"软"，浮色多，易掉色。成分比例得当，方为理想的染料。

* 原始制靛图

在配置染料时，同时进行着挑选坯布、脱脂、裱纸、画样、刻花版等工序。农家一般都挑选棉质好的上等布料，染制蓝印花布；脱脂即将所选布料放入含有太古油等助剂的水中浸泡，温度在50—60℃之间，然后再将布料放置清水中，待2—3天后取出晒干待用；刻花所用的纸版，一般用2—3层的油板纸裱制而成，用面粉自制浆糊刷裱，晾干后刷一层熟桐

* 刻花所用的纸版

油,干后压平使用;在纸上画出花样后,用专用刀具刻花样,再把刻好的花版反面打磨平整,然后刷熟桐油,晾干,经过2—3次正反面刷油,晾干压平待用。

之后的刮浆是一道重要工序,染人要按按花版纹路将防染浆刷在布料上,防染浆选用黏性适中的黄豆粉加石灰粉调制,加石灰粉后不仅上浆好刮,染好后也容易刮掉灰浆。调浆时厚薄黏稠要适中,黄豆粉越细、浆调得越透,黏性就越好。刮浆时用力要均匀,要注意花版的对接,花型复杂时对版尤要准确、仔细。刮有防染浆的坯布晾干后,便可染色,把刮上浆的布料松开放入水中浸泡,直至布浸湿到浆料发软后即可下缸染色。布下缸20分钟后取出,氧化、透风30分钟,并不断转动布面使其氧化均匀。出缸的布晒干后灰碱偏重,要"吃"酸固色,清洗后,把布绷在支架上,用定制的刮灰刀或家用菜刀刮去灰浆。布经刮灰后需要2—3次清洗,把残留在布面灰浆及浮色清洗干净后晾干。因受到刮浆、染色、晾晒等工艺因素的影响,蓝印花布的长度一般限定在12米以下,由染色师傅用长竹竿将湿布挑上7米高的晾晒架上,晾晒时的情景十分壮观。最后用蹑布石将布滚压平整。

清代嘉定籍大学者王鸣盛(1722—1797)诗云:"一九二九征雁飞,三九清霜秋叶稀,四九夜眠如露宿,催裁药布制寒衣。"生动地描绘了家乡百姓以药斑布制衣的情景。

就地取材的染布原料,使江海地区染织业迅速发展,并逐渐成为全国知名的产地。蓝印花布的工艺由安亭、苏州及南通传遍了江苏各地区,形成了以江苏为中心的主要产地,产品除供应本地外,还畅销各地。

蓝印花布除了王鸣盛诗中所说"制寒衣"之外,还广泛用于制作被面、垫被单、包袱布、头巾、帐檐、肚兜、围裙、枕巾、门帘等。现当代,蓝印花布又渗透到都市人的生活中,它的使用范围更广,旗袍、时装、壁挂、台布、鞋帽、提包、窗帘、杯垫……大大小小，琳琅满目。前不久，笔者在杭州一家名为"吴越人家"的专卖店见蓝印花布制作的晚礼服，白底小蓝花，很是夺人眼球。同行的殷慧芬喜欢这花饰，店主说已断档。无奈之下她买了相似花饰的布料，回来后制作了一条裙子，很美，她的女伴们都说好看。

这美丽源自蓝草。

变幻无穷的蓝与白

蓝印花布梦幻般的纹饰让我们想到了元代女纺织技术专家黄道婆。

"黄婆婆，黄婆婆，教我纱，教我布，二只筒子，两匹布。"一首流传至今的松江民谣表达了后人对这位"衣被天下"的杰出女性的赞颂。

黄道婆（1245—1330），松江府乌泥泾镇（今徐汇区华泾镇）人，生于南宋淳祐年间，12岁时给人家当童养媳，因不堪虐待，出逃至海南崖州。宋朝时内地纺纱织布质量粗糙。海南的棉织物却品种多，织工细，色彩好，被作为"贡品"。黄道婆凭借自己的聪慧天资、虚心好学和吃苦耐劳精神，在海南与黎族人民交往中，掌握了棉纺织的各种技术。20多年之后的黄道婆思乡情切，元贞年间（公元1295—1297年），她带着踏车、椎弓等纺织工具，踏上了归家路途。重归故乡后的黄道婆，决心改革家乡落后的棉纺织业。她将黎族先进的棉纺织经验与汉族传统工艺结合，改进生产工具、工序，把家乡的棉纺织技术提升到一个空前的高度。她的"错纱配色，丝线絮花"的织布技艺，使家乡人民能织出宽幅的被、褥、带等多种棉纺织品，并能交织成折枝、团凤、棋局、字样等生动图案。《辍耕录》称其"粲然若写"。为纪念黄道婆的巨大贡献，她死后当地劳动人民为她修建了"先棉祠"。2006年，乌泥泾手工棉纺织技艺被国务院批准公布为第一批国家级非物质文化遗产。

黄道婆的棉纺织技艺改变了上千年来以丝、麻为主要衣料的传统，改变了江南的经济结构，催生出一个新兴的棉纺织产业。历史上乌泥泾的印染技艺也很著名。扣布、稀布、标布、丁娘子布、高丽布、斜纹布、斗布、紫花布、刮成布、踏光布等与印染的云青布、毛宝蓝、灰色布、彩印花布、蓝印花布（**药斑布**）等同享盛誉。

随着棉纺手工业的发展，棉布已成为农家主要日用品。蓝草大量种植，染坊相继增加，人们对日常生活用品要求不断提高，原来的"药斑布"简单、粗糙的图形已不能满足民众的审美和生活的需求，民间艺人大胆吸收剪纸、刺绣、木雕等传统艺术图案，不断地丰富药斑布的纹饰。

明清之际，药斑布普遍流行于民间，《古今图书集成》中说："药斑布俗名浇花布，今所在皆有之。"《光绪通州志》记载："种蓝成畦，五月刈曰头蓝，七月刈曰二蓝，罋一池水，汲水浸入石灰，搅千下，戽去水，即成靛，用以染布，曰小缸青。"现代所见蓝印花布的样式，多数为明清的作品。这些以蓝印花布制成的蚊帐、被面、包袱、头巾、门帘等生活用品，朴素大方、色调清新明快，图案淳朴典丽，曾深受欢迎。因此，染坊业一度成为地方上的显业。江南一带织机遍地，染坊连街，河中运载染布的船只如织。笔者所在的江南古镇，一位七十八岁的季姓老人，曾向笔者描绘过他儿时所见的蓝印花布染坊，规模最大的森茂绸布庄占地千余平方，晒场上十几米高的染布挂在那里在风中舞动的情景他至今记忆犹新。蓝白两色所创造出来的淳朴自然、千变万化、绚丽多姿的艺术世界，曾让儿时的他眼花缭乱。

蓝印花布的纹样图案来自民间，反映了百姓所喜闻乐见的题材，寄托着他们对美满生活的向往，其中不乏中民间故事、戏剧人物以及由动、植物和花鸟组合成的吉祥纹样,采用暗喻、谐音,类比等手法,尽情抒发了民间对美好生活的憧憬。如"龙凤呈祥"、"五福捧寿"、"百凤朝阳"、"凤戏牡丹"、"金玉满堂"、"麒麟送子"、"鲤鱼跳龙门"等。

龙凤呈祥——龙,象征尊贵,凤,象征美丽。二者结合在一起用以歌颂太平盛世,也作为民间结婚之喜,富贵、吉祥的祝愿。

* 《龙凤呈祥》

五福捧寿——五个蝙蝠围着一个篆体寿字组成的图案。民间把"五福"解释为福、禄、寿、禧、财。

百凤朝阳——凤是美丽、高尚、圣洁的神鸟,被尊为百鸟之王。民间以百凤朝阳象征喜庆的生活。

凤戏牡丹——凤是百鸟之王,牡丹是百花之王,二者都是祥瑞之物,象征着富贵和幸福。

麒麟送子——麒麟是传说中的神兽,是祥瑞的征兆,童子骑在麒麟背上手持如意,寓意早生贵子,早得幸福。

金玉满堂——用多条金鱼组成图案,表示富贵有余、金玉满堂。

狮子滚绣球——狮子在古代被视为护法者,狮子滚绣球组成的图案在民间被视为喜庆的象征。

　　鲤鱼跳龙门——用鲤鱼和龙门组成图案,在民间示意长辈们希望子孙好好学习,望子成龙,吉祥如意。

　　四季如春——用梅、兰、竹、菊寓意生活幸福,好景长在,四季如春。

　　鹿鹤同春——鹿与鹤在民间都寓意长寿不老。

　　和合二仙——寓意是夫妻恩爱。新婚之夜盖和合被,象征白头偕老,和合一生。

　　富贵平安——花瓶内插上牡丹花,平(瓶)插牡丹象征富贵平安。

　　染制蓝印花布的艺人多在民间,这些图案内容长期在民间流传,体

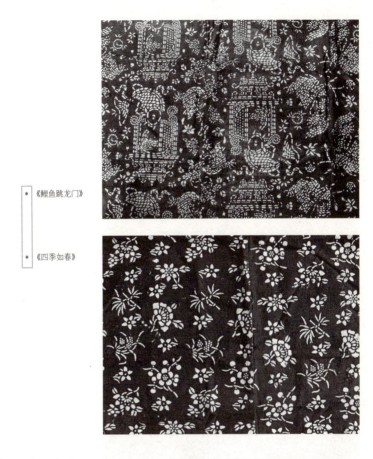

* 《鲤鱼跳龙门》

* 《四季如春》

现艺人们的审美需求。艺人们了解民众的愿望，因此作品的选题健康、朴实，他们虽处于社会平民阶层，有的还不识字，但对生活却依旧充满希望，向往着美好姻缘、多子多福、状元及第、福寿双喜，把一生美好的愿望都通过蓝印花布的纹样予以传递和表达。

上海本属吴地，蓝印花布纹饰不可避免地有着苏州纹样的印痕，并融进了刺绣、剪纸等同类民间艺术的优秀图形，品种多，形式广。图形分蓝底白花、白底蓝花、蓝白底相交的多种艺术风格，在简单的蓝白两色中，创造出千变万化的艺术造型。

今年春天，笔者在沪上某出版单位供职的友人想为一套文化丛书设计书套，他想到了蓝印花布，想把蓝与白的元素运用其中。他要求笔者提供若干蓝印花布纹饰。笔者带他去马陆镇的一位退休历史教师徐振保府上，徐振保是民俗文化的爱好者、收藏者，藏有的蓝印花布虽不能与南通的吴元新比，却也足以让我们目不暇接，花卉、蝶恋花等纹饰堪称秀美。更重要的是，徐振保收藏的这些旧时染布全来自上海郊区，显示着上海地区蓝印花布的特点。徐振保告诉我们，他的这些印有吉祥如意的被面、包袱、头巾、垫被单，不仅用于日常生活，有的还是上海郊区姑娘出嫁时的压箱布，以寄托世世代代的情感和希望。

* 历史教师藏有的蓝印花布《蝶恋花》

蓝印花布以它的文化韵味，在我国民间艺术中独树一帜，千百年来伴随着它那雅致朴拙、绚丽多变的纹饰，闪发着魅人的灿烂。

不仅仅是梦

蓝印花布的美丽，让我们欣喜。蓝印花布的流行工艺是上海所创造，又让我们倍觉骄傲。

清代诗人朱彝尊（1629—1709）有诗云："练江风物最牵怀，药布筼筜布满街。"诗中"练江"是嘉定别称，"药布"即药斑布。诗人笔下的"布满街"是一种何等的盛况啊，那种江南风韵那种水乡意境在我的想象中，真如梦幻一般！

可惜这种骄傲和梦幻般的欣喜又常常伴随着失望和沮丧。很长一段时间，"抹灰药而染青"的蓝印花布在她的起源地几乎绝迹，即使是新品也难觅寸尺！嘉定州桥老街没有，安亭也没有！

当年嘌城规模最大的当数森茂绸布庄，老板朱石麟，地点在今嘉定州桥一带。1937年日寇侵华，东大街、州桥一带破坏严重，嘉定的商业中心转移至西门，但染坊仍在原址。抗战结束后，染坊租给一个叫徐福林的，徐福林扩大了印染范围，除蓝印花布外，还印染其它色泽，直至"文革"前夕。染坊在文革前就消失了，但在以后的许多年里，染缸等遗留物还可以看到。

在安亭，过去也曾有泰鸿染坊等多家，王元昌老人虽从未从事过染布行业，却自幼目睹过染蓝的经过。

这一切都已成了昔日的梦。前不久，我们在安亭"归氏药斑布"的故里，读到一段相关文字，药斑布"至清朝中后期失传，文革期间，安亭老街东街王氏老太（已故）也开过药斑布染坊，但规模很小，后来被取缔。"安亭蓝印花布消失在动乱年月，香火从此湮灭。被取缔的何止是小染坊！我心中顷刻间有一种被揪的痛。

然而，优秀的传统文化和人类对美的向往是永不熄灭的，蓝印花布之树在这里枯萎，却在那里抽枝长叶并盛开妍丽之花，吴元新和久保麻纱已经说明了这一点。

久保麻纱，日本人，早在半个多世纪前，久保麻纱在东京中国商品博览会上看到古朴而典雅的中国蓝印花布，从此迷上了这种传统的中国工艺品。多年后，她特地来到纺织师祖黄道婆的故乡——上海，在上海郊区收集蓝印花布，渐渐地她成了一位中国蓝印花布的收藏家，并于1990年9月，买下长乐路637弄24号花园洋房，将底楼布置成中国蓝印花布馆，展示500余种蓝印花布品种。这是上海滩上首家由外国人士开设的家庭博物馆，也是迄今为止国内最早出现的蓝印花布陈列馆之一。馆内有清光绪十六年（1890年）浙江宁波的蓝印面料、福建安溪的围兜，有光绪十八年日本著名作家芥川龙之介穿着的蓝印花布睡衣，有民国九年（1920年）与民国十九年（1930年）江苏南通与浙江桐乡的帐檐，被面与小车被，有近代南汇的蓝印花布被面。陈列馆的门帘、窗帘都用蓝印花布制作。蓝印花布制成的伞、裙、书包、钱夹、拖鞋以及其他工艺品也琳琅满目。

* 蓝印花布馆产品

久保麻纱在许多年里是上海蓝印花布的一个符号,长乐路637弄24号那半个墙面布满爬山虎的西班牙式洋房无疑是上海蓝印花布的一个地标。至于久保麻纱本人对于中国蓝印花布的复苏和振兴更是功不可没。

南通的蓝印花布出名了,吴元新现在已被授予"中国工艺美术大师"称号,成为新中国成立以来在传统印染行业中第一位国家级大师,中国文联、中国民协还授予他为中国民间文化杰出传承人,由他创办的"中国南通蓝印花布博物馆"被中国民间文艺家协会命名为"中国蓝印花布传承基地"。吴元新带着他的蓝色梦想到南京北京、美国法国,在越来越多的人对蓝印花布心生迷恋的时候,他却忘不了初见久保麻纱时的情景。

1977年,久保麻纱带着专业摄影师到吴元新所在工厂订货,提出要看看中国的蓝印花布是否还原汁原味地传承?当时,那些摄影师为了拍印染制作,滚在地上,吴元新心里还笑他们怎么那么傻?穿着那么好的衣服,却滚在地上拍蓝印花布?离开工厂时,久保麻纱流着眼泪说:"我今天真正看到了中国古老的印染工艺在南通保持得这么完整,这是世界的遗产,中国的奇迹!我把工艺流程和主要工艺家的照片都拍了下来。回去后,我将把它制作成明信片,让日本人看看中国的蓝印花布。"后来,吴元新真的收到了来自异国的明信片,明信片的第一张就是他在刻版。吴元新说,"我心里有了变化,有一丝欣慰。我这才知道,普普通通的蓝印花布在国际上这么珍贵!从那以后,我感觉自己和蓝印花布真的缘定终身了!"

中国蓝印花布让一位日本老太太痴迷一生,日本老太太的迷恋又让吴元新与蓝印花布缘定终身。世上的美丽总是生生不息的,蓝印花布亦然。

蓝印花布,蓝印花布,在它的发源地消匿许多年的今天,我们终于看见它那如同青花瓷般的美丽将在故乡上空舞动。安亭镇的一纸关于她的非物质文化遗产的申报、嘉定区政协全会上那激动人心的关于她的提案,都让我们充满期待。吴元新已经多次应邀来到安亭,他在寻找蓝印花布怎么从安亭流到南通、传遍江南的同时,多么想在这起源地也支起长长的竹竿,晾满各色花样的蓝印花布,在微风中斑斓多姿地悠悠轻拂,满目风情万种。

安亭人也这么冀盼着。我想这不仅仅是梦。

海派花样剪纸

手执剪刀，随心所欲地在纸上剪刻，然后缓缓展开，一幅精美的图案顿时显现。我们在感叹其魔幻般神奇的同时，深深地被这古老的民间艺术所吸引。

海派剪纸源于民间实用花样。

这种源于花样的传统剪纸艺术，到二十世纪三十年代，由于上海受到新文化运动的影响，同时也由于文人画家们的参与，把传统的民俗文化与现代理念结合，产生一种强烈的海派剪纸语言，渐渐演绎成海派剪纸。

2007年6月，"海派剪纸艺术"被上海市人民政府列入"第一批上海市级非物质文化遗产保护名录"；2008年6月，又被国务院列入"国家级非物质文化遗产保护名录"；2009年，包括"海派剪纸"在内的"中国剪纸"，已被联合国教科文组织列入《人类非物质文化遗产代表作名录》。

剪纸，千百年来记录着悠久中华古国的艰难不屈的历程，吟唱着华夏儿女淳厚的风俗风情，这一民间艺术的诗篇在上海和着她的海纳百川的城市精神，绮丽无比。

我们现在的上海方言中还可以听到这样的词组："出花样"。这"花样"两字与海派剪纸相关。

现在五、六十岁的人大抵还记得儿时常把好看的花样衬在白纸下面，用铅笔、蜡笔在纸上使劲涂抹，花样在白纸上显现出来，剪下，用以绣在鞋面上、衣衫、枕套上。

* 刺绣花样

* 服饰花

* 鞋花

* 儿童帽花

孩子们是在"克隆"花样，而民间许多剪纸艺人则创作了许许多多造型生动的花样，数以万计的剪纸及刺绣花样创造了说不尽的美。

源远流长的中国剪纸

传说西汉时，皇妃李氏去世，汉武帝寝食不安，思念不已，于是请术士用麻纸剪李妃象，为其招魂。这也许是最早的剪纸了。

公元105年，蔡伦开始大量造纸，纸成了这种剪镂艺术更容易普及的材料。

早期的剪纸较多用于宗教仪式，人们用纸所剪制的物像、人像，与死者一起下葬，或在葬礼上燃烧。祭祀祖先和神仙时，剪纸也被用作供品的装饰物。

新疆吐鲁番火焰山附近，先后出土的南北朝团花剪纸，是有据可查的最早中国剪纸实样。

剪纸图案自唐代起开始应用于其它工艺。唐宋时期，流行"镂金作胜"的风俗。"胜"，即用纸或金银箔、丝帛剪刻而成的花样。剪成套方几何形者，称"方胜"，剪成花草形者，称"华胜"，剪成人形者，称"人胜"。唐代诗人李商隐《人日》诗中说："镂金作胜传荆俗，剪彩为人起晋风。"这"胜"说的就是剪纸。

时至宋代，出现以剪纸为职业的艺人，有的善剪"诸家书字"，有的专剪"诸色花样"。有的将剪纸作为礼品的点缀，有的贴在窗上，有的装饰灯彩。南宋周密《志雅堂杂钞》说：当时京城汴梁"向旧天都街，有剪诸色花样者，极精妙，随所欲而成。又中瓦有余敬之者，每剪诸家书字皆专门。其后，忽有少年能于袖中剪字及花朵之类。"

明清的史志有关剪纸及其名家的记载比比皆是。《苏州府志》载：赵萼，"嘉靖中制夹纱灯，以料纸刻成花竹禽鸟之状，随轻浓晕色。溶蜡涂染，用轻绡夹之。映日则光明莹彻，芬菲翔舞，恍在轻烟之中，与真者莫辨。"其刻纸功夫居然可以假乱真。《严州建德县志》所录林文耀更是出神入化，"幼即工书，中年失明，乃剪纸为字，势飞动若龙蛇，点画不差毫发。"《保定府志》中所说张蔡公之女也颇神奇："有巧思，与人接谈，袖中细剪春花秋菊、细草垂杨．罔不入神；其剪制香奁，绝巧夺目，得之者珍藏焉。"

剪纸流传面最广泛，群众面最普及，数量大，样式多，基础深，是任何一种其它艺术所无法比拟的。它以特有的方式唤起人们对生命的追求，对生活的信念，对国富民康的企盼。它将平凡的生活点缀得瑰丽多姿。

我国地域辽阔，剪纸艺术却无处不在。从辽宁锦州、河北蔚县到广东佛山、云南傣族，从陕西安塞、山西中阳，到江苏扬州、浙江乐清……东西南北，处处闪耀着这门古老艺术的绚丽之光。

中国南方民间剪纸以清新秀丽，线条流畅，剪工精细见长。

扬州是中国剪纸流行最早的地区之一，唐宋时期就有"剪纸报春"的习俗。清嘉庆、道光年间著名剪纸艺人包钧，技艺超群，有"神剪"之誉。扬州剪纸构图精巧雅致，形象夸张简洁，技法变中求新，为中国南方剪纸艺术的代表之一。其用纸以安徽手抄宣为主，厚薄适中，无色染，质地平整。郭沫若曾写诗赞颂扬州剪纸："曾见北国之窗花，其味天真而浑厚。今见南方之剪纸，玲珑剔透未有。一剪之巧夺神工，美在人间永不朽。"现代扬州剪纸的主要传承人张永寿从艺七十多年，总结有"圆如秋月、尖如麦芒、方如青砖、缺如锯齿、线如胡须"等剪纸要诀，为后辈剪纸艺人留下了宝贵的"创作经"。其数千件作品艺术价值极高，其中的《百花齐放》、《百菊图》、《百蝶恋花图》等，被人们称为"剪纸艺术中的观止之作"。

源于"龙船花"的浙江乐清剪纸，同样被冠以"中国剪纸的南宗代表"。乐清细纹刻纸刀法精妙入微,挺拔有力,图案细如发丝,工而不腻,纤而不繁,表现力十分丰富。它最突出的一个特点是细,在早期"龙船花"的刻纸中,最细的能在一寸见方的纸上刻出52根线条,一幅碗口大的细纹刻纸要十多天才能刻成,十分费工。

广东省潮汕地区的潮阳剪纸的兴起虽与迁居此地的中原人有关,但它在表现花鸟虫鱼、动物走兽、民间传说、神话故事、戏曲人物、市井百姓等内容时也不乏细腻。潮阳剪纸构图以对称为主,造型灵活,结构严谨,饱满而不杂乱,尤其它"花中套花"的布局最具特色,可谓疏密有致,剔透玲珑。刀法精巧,以阳剪为主,配合用阴剪。阳剪的纹线工整细致,阴剪的线条粗壮有力,表现力十分丰富。

相比南方,中国北方的剪纸则淳厚凝练,线条粗犷明快,寓意单纯质朴。陕西安塞大凡喜庆的日子,妇女都要铰剪纸、贴窗花。腊月天,妇女们围在一起,为春节剪纸,临近年关,家家户户新糊的洁白窗户纸上贴满了红红绿绿的剪纸。这样,一个村子就是一个剪纸艺术展览会。安塞剪纸造型美观,剪工精致,具有深邃的历史文化内涵,被誉为"地上文物"和文化"活化石"。

首批入选国家级非物质文化遗产名录的山西中阳民俗剪纸的历史文化内涵与艺术价值也极高,一些没有文字记载的只能靠传说来猜测和想象的文化,在中阳民间艺人的剪刀尖上丰富地保存了下来,印刻着中华民族历史发展的足迹,其风格与黄土高原的山水相依相存,或古朴典雅,或粗犷浑厚,或纯朴刚健。中阳剪纸多以红纸剪成,体现着喜庆、热烈的民俗气氛。剪纸艺人王计汝被评为全国首批非物质文化遗产传承人,她的50余件国家精华之作被德国、美国、日本等国家的专家收藏。

河北蔚县以出产剪纸而闻名。蔚县剪纸又称"窗花",是当地民间一种传统的装饰艺术,至今已有二百多年的历史,初始图案多为花卉一类的吉祥纹样,后融入天津杨柳青年画和武强年画的艺术特色,形成了自己特有的风格。蔚县剪纸题材广泛,花样繁多,有戏曲人物、戏曲脸谱、神话传说、花鸟鱼虫、家禽家畜、吉禽瑞兽等多方面的内容。蔚县剪纸的刀工既有北方剪纸粗犷、质朴的特性,又有南方剪纸细腻、秀丽的风格,色彩浓艳,对比强烈,装饰感强,民间味浓,富有韵味节律,呈现出妩媚娇艳、淳朴华美的艺术魅力,不似年画又胜似年画,让人感到熟悉而又新颖。

上海剪纸源于民间实用花样,经剪纸艺人广泛吸取南北方剪纸及现代装饰艺术的特色,渗透融合,形成海派风格。

海派剪纸的花样经

海纳百川的上海开埠之后,各地民间艺人来到上海。以剪窗花为主北方剪纸艺人,发现在上海贴窗花的很少,因此改行为灯彩剪花,有的因知道上海市民喜欢在服饰、布鞋上绣花,改行剪绣花样。小孩子不论贫富,从出生到学龄前都要穿绣花鞋,花样要有吉祥的寓意。成人在夏季都爱穿绣花拖鞋,花样之丰富不胜枚举,如松鹤延年、福寿双全、鸳鸯戏荷、龙凤戏珠等等。这些花样全都是由民间剪纸艺人制作并出售给爱绣花的妇女。

剪花样的艺人上海全市各区县都有,闹市区城隍庙、八仙桥(大世界)、提篮桥、玉佛寺、龙华寺等地则更多一些。艺人背一个方箱,找一块地方,即可设摊出售。手艺高的剪纸艺人,会被开店的人看中,在店里为他们开设专门的花样柜,做批发、零售生意,带徒弟。比如城隍庙的绿波廊旁边的富华花样店,各种花样图案琳琅满目,供人们选择。

剪纸艺人也有走街串弄堂的。"剪刀动来花样出,大小姐绣花要看样,花鸟虫鱼样样有,啥个花样都能剪。天上飞的鸟,地上奔的马,只要侬

能讲得清，选中花样我都会剪……"他们边走边唱，以招徕生意。上海妇女听到这独具韵味的剪纸"花样经"，需要绣花图案，便会招呼这些艺人"剪张花样"。剪纸艺人打开小木箱，里面各种各样的花样供妇女们挑选。艺人们以此为业，慢慢地，便成为颇具海派风情的一道独特风景。"花样多哦？""花样经透来！"也成了沪上耳熟能详的独具个性的方言。

当时许多剪纸艺人不识字，却都有一部自己的花样经，凭花样经记住各种花样。花样经的内容有民谣和顺口溜，不同季节有不同的花样故事，剪纸艺人还要根据顾客的性别、年龄、身份，不断"翻花样"，唱出不同的花样经。一张花样一个故事，形成了海派剪纸的背景文化。2007年，杨浦区一部名为《上海花样经》的民间文学作品被列入首批上海市非物质文化遗产名录。由于口口相传的上海花样经没有文本，一个叫郑树林的上海剪纸艺人20多年来,四处寻访,找遍上海老一辈剪纸艺人,在老人们的回忆中,记下唱词和曲调,发掘抢救,将濒临失传的"上海花样经"重见天日。

"花样经,花样经,人人都有一本经,看你怎么唱下去。唱得姑娘心花开,唱得老人笑常在。""剪鸟嘴要鸣,剪鸡尾要肥,梅花分五瓣,莲花要张开……" 在记者采访郑树林时,他常常会情不自禁地边剪纸边唱花样经,这些剪纸的民谣和口诀,琅琅上口,娓娓动听,极富民俗色彩。

除了花样之外,上海剪纸还常用于吉庆喜日的装饰。每逢春节,上海工商业者在除夕前"谢年",要在菜肴和水果盘上放上大红色有吉祥寓意的剪纸礼花,如"黄金万两"、"年年有余(鱼)"等。又如,婚姻喜庆要用剪纸"喜花"、长者寿辰要用"寿花"。上海的民间艺人往往能应时应景,按不同需求即兴创作。

* 王子淦《年年有余(鱼)》

这种源于花样的传统剪纸艺术,到二十世纪三十年代,由于上海受到新文化运动的影响,同时也由于文人画家们的参与,把传统的民俗文化与现代理念结合,产生一种强烈的海派剪纸语言,渐渐演绎成海派剪纸。

沪上神剪

在上海开埠百年的历史演变中，上海剪纸艺术伴随着经济文化的发展，呈现出千姿百态，逐渐形成了与众不同的风格，在中国剪纸的传统工艺中占有重要一席。

王子淦是海派剪纸艺人的杰出代表。

王子淦1920年出生于江苏南通一个贫苦农民家庭，13岁那年随叔父到上海谋生，拜街头剪纸艺人武万恒为师。多年的从师生涯，王子淦练就了过硬的本领。1945年，他独立门户，在上海城隍庙、八仙桥一带设摊卖艺。

日复一日、年复一年，王子淦剪了数以万计的花样。他的剪纸线条挺拔，运刀流畅，而且从不打草稿。纵观他的剪纸艺术，有以下鲜明特点：

王子淦善于创新，一方面他很好地继承了江南民间剪纸传统，另一方面他又在传统的基础上融入了自己的创新，突破传统剪纸的局限，开拓了更广泛的题材空间。花鸟鱼虫、山水风景、人物走兽以及都市时尚，都成了他的表现对象。在剪纸材料的使用上，他也不囿于传统，他利用现代印刷的废纸剪制作品，纸质坚挺，又有印刷的肌理纹，大大丰富了剪纸的表现力。创新，使王子淦的剪纸超凡脱俗，既质朴厚重，又新鲜活泼，达到的艺术境界非一般工匠可比。

王子淦的剪纸构思巧妙、造型生动，善于捕捉和把握表现对象的神态。他剪下的动物都极富灵性，顽皮的猴子、机灵的青蛙……都栩栩如生。他的《五牛图》，每个牛的姿态都不一样。他剪下的蛇，曲折蜿蜒，蛇身的花纹用了几个有规律的三角形，生动地表现了卧藏的蛇的形态。如《鱼欢图》，每条鱼似在游动，中间飘逸的图案更增添了画面动感。他的作品既有南派剪纸的秀气，也有北派的大气。耐看，且意蕴无穷。

* 海派剪纸艺人的杰出代表王子淦

* 王子淦《鱼欢图》

王子淦的剪纸有极强的韵律感。他善于发挥剪纸对称、重复、阴阳相成的特长。团花《青蛙戏莲》，成功地运用了折叠剪纸团状勾连的特点，以荷叶为圆心，四只青蛙各居一方，隙间荷花盛开，荷花青蛙相映成趣，一股浓浓的荷塘情趣扑面而来。再以团花《鱼欢图》为例，四条金鱼各在一边，鱼尾舒展，似在游动，中间飘逸的水草冒着水泡，画面极富动感，韵味十足。另一幅题为《游鸭》的作品则突破了传统的对称格局，三鸭呈"品"字同向排列，一流清水将它们连成一体。阴剪的鸭映衬在阳剪的水纹上，像乐谱上的律动的音符，使人不由轻吟"春江水暖鸭先知"的诗句。《四燕图》、《蝶恋花》等佳作也充分显示了王子淦不愧为"裁云国手，镂月名师"（申石伽题）。为了生动表现动物的羽毛、鳞片，王子淦运用反复重叠的刀法；表现动物的关节动势，王子淦运用旋纹的技法，得以增加剪纸的韵味。

* 王子淦《四燕图》

　　观赏王子淦操刀运剪，你不但被他那娴熟剪技所吸引，而且更有一种美的韵律在感染着你。嚓、嚓几下，刀旋纸转，顷刻之间一幅幅生动的花、鸟、鱼、虫，在你面前展现，你会感到他的剪纸过程，本就是一种美妙艺术。

　　上世纪五六十年代，时任上海市市长的陈毅常陪同外宾到上海工艺美术研究室参观，每次见王子淦的剪纸表演，总要拍着他的肩膀高兴地称赞："王师傅，好手艺啊！"1965年秋，国民党前代总统李宗仁回国后也到上海参观了工艺美术研究室，看剪纸表演本来用十来分钟就行了，但李宗仁对王子淦竟大感兴趣，拉着王子淦，竟聊了个把小时。1990年10月，北京举行第十一届亚运会，王子淦是北京亚运会购物中心上海参展团的成员，时任上海市市长的朱镕基看了他的剪纸表演，连称："神剪！神剪！"

解放前，王子淦剪纸数以万计，仍难以糊口。新中国成立以后，才是王子淦剪纸艺术的春天。1956年，上海工艺美术研究室成立，王子淦是其首批12位民间艺人之一。1960年，他出版第一本个人剪纸专辑。1964年工艺美术界首次评定职称时，他被评为工艺师。1983年，上海美术展览馆举办王子淦剪纸50周年纪念展。在这次纪念展上，文化名宿顾廷龙、颜文梁、谢稚柳、申石伽等纷纷题词，高度赞赏他的"妙手精心"。上世纪八十年代，他两次出访日本，一次赴香港讲学，并先后出版五本剪纸专辑。

＊ 王子淦剪纸50周年纪念展

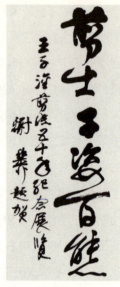

王子淦剪纸五十年纪念展览 顾廷龙

王子淦剪纸五十年纪念展览 谢稚柳题贺

顾廷龙题词 *

* 谢稚柳题词

* 王子淦出访日本

1987年，他被评为高级工艺美术师，并授予全国工艺美术特级大师称号和荣誉勋章，被上海市政府聘为文史馆馆员。王子淦曾连续三年获得上海市劳动模范称号，曾担任上海市政协委员，中国文学艺术家联合会民间研究会委员，中国民间文艺研究会理事，上海市民间文艺研究会理事，中国美术家协会会员。

国家对民间艺术的重视和扶持，使王子淦焕发了极大的创作热情，他忘我创作，常常通宵达旦，房间里堆积的纸屑常常有半寸厚。为筹建上海剪纸协会和其它公益活动，他多次带徒弟上街义卖。海派剪纸的传人——王建中这样说他的父亲："即便是在文革期间，他白天在食堂拿着菜刀切菜，一到晚上就在家里挑灯剪纸。直至1993年突然病倒，他手中的剪刀一直跟着他整整60年。"

2000年2月16日，他在上海病逝。但他良好的艺德和精美的作品，却永留人间。

与王子淦同被文化部编撰的《中国民俗文化丛书——剪纸艺术》一书列入剪纸艺术大师的林曦明，是海派剪纸艺术的又一骄傲。

林曦明为平阳"三苏"之一的苏昧朔的入室弟子，70余年来创作了无数反映中国农村和城市生活的剪纸作品，在全国各地报刊发表，为众多书籍插图，蜚声民间艺术领域。他的剪纸作品既有我国传统剪纸细腻质朴色彩，又融合了现代元素，大胆运用他作为山水画家所擅长的写意手法，将书画和民剪纸互为交融，相得益彰，使其作品成为上海民间美术中的一朵奇葩，在我国剪纸艺术上独具风格。

王子淦故世以后，作为海派剪纸艺术的共同开创者，林曦明也已80多岁。王子淦在世时，由于两人都酷爱剪纸，彼此心缘很近，互相交流、互相切磋，以各自形成的鲜明特色，共同攀越着剪纸艺术的巅峰，在工艺美术界被传为美谈。

薪火相传有后人

在我国一些剪纸之乡，老一代剪纸艺人年老力衰，新一代人又纷纷弃艺从商，剪纸艺术处于后继乏人的濒危状态。相比之下，剪纸在上海非物质文化遗产中得到了较好的保护。上海工艺美术研究所有专业剪纸工艺师，上海民间文艺家协会设有剪纸艺术专业委员会，连全市许多社区学校也办起了剪纸班。

2008年，在上海壹号美术馆举办的"当代海派剪纸艺术展"，展示了改革开放三十年来，上海剪纸艺术伴随经济文化发展出现的新气象，汇集上海各大剪纸流派代表作，既有已故大师王子淦的精品，也有脱颖而出的新人新作，可谓是海派剪纸艺术的一次检阅，蔚为壮观。

薪火相传是上海剪纸艺人的热望。当年知青"上山下乡"的风潮席卷全国。王建中作为知青，也在"上山下乡"之列。在单位里已经不能剪纸的王子淦在儿子即将去淮北平原小村庄的前夜，找出了当年的那把剪刀，要儿子带上。王建中没有伸手去接。"拿去派别的用场也好。"父亲淡淡地说。其实，王子淦很想儿子继承他的事业，但王建中当时却置若罔闻。20年后，王建中才萌发学剪纸的想法，那时他看着病中的父亲一天天老去，不愿让古老的剪纸艺术失传，拿起了父亲的剪刀。

"因为父亲是特级工艺美术大师，我剪得不好，拿出去只会丢父亲的脸。我要让别人知道王子淦的儿子不同寻常，确实传承了父亲的艺术。"在再次跟父亲学艺的前十年，别人都不知道他在剪纸，每天下班后，他把自己关在书房里，通常直至凌晨两三点才停下休息，十年如一日。

在父亲病榻前，王建中经常抚摸着父亲手上的老茧，那些永不消退的老茧见证了父亲对剪纸事业毕生的付出。十年过去了，王建中右手的食指和中指上也磨出了厚厚的老茧。王建中摸着自己的老茧，十分动情，他

＊ 海派剪纸传人王建中

说，"剪纸靠刀功，刀功只靠一个字——练！"

2000年，在父亲王子淦去世前的几个月，王建中选了几件自己满意的作品拿给父亲看。躺在病床上的王子淦接过儿子的作品，双手微微颤抖，连说几声"想不到"。从小就受到父亲教诲和剪纸艺术熏陶的王建中，毕竟不同凡响。王建中的剪纸终于得到了父亲的认可。父亲叮嘱他按现在的路走下去，必定会有所成就。

博采众长，王建中在潜心学习剪纸传统技艺的同时，不拘一格锐意创新，形成了自己独特的风格。他的作品在《华夏风韵剪纸艺术展》中获银奖，在南京《首届中国民俗吉祥艺术展》中获金奖。2005年，王建中获得上海市工艺美术大师称号。2006年，《王建中海派剪纸艺术》由同济大学出版社出版。2007年，王建中又被中国文联和中国民间文艺家协会共同授予"中国民间文化杰出传承人"称号。这时，王建中才觉得自己没有让父亲失望。

王子淦为了海派剪纸艺术后继有人，带教培养了不少子弟，赵子平和奚小琴就是其中高足。

1973年，17岁的奚小琴以一幅《养小鸡》的人物画，让王子淦执意要把小琴招至门下。在王子淦的指导下，奚小琴成天练习剪方块圆圈，自幼极富创作天赋的小琴觉得好单调啊。好多年以后，小琴才明白这乏味的基本功训练的重要。

王子淦不仅技艺高超，更是人格高尚。他对学生从不藏藏掖掖，什么都肯教，而且讲得很透彻，尽心尽力。奚小琴说，她实在是很幸运，遇到这么一个恩师。

奚小琴继承了王子淦的创新意识，融会贯通，求新求变求发展。她的作品内容广泛，表现手法多种多样，绉纸剪纸、立体剪纸、彩色剪纸、阴阳剪纸、抽象剪纸等等，她都勇于尝试。1992年，王子淦在为奚小琴参加日

本长野展出的推荐信中这样写道：她的剪纸"既有民间传统，又有时代气息。特色是取题有趣味性，富有生活气息，造型活泼，构图匀称美观，用色和谐，为我学生中佼佼者。"

荣誉和奖励伴随着奚小琴的聪颖、勤奋接踵而来，奚小琴连续三届成为"上海市青年联合会"委员，多次走出国门，为弘扬祖国古老的民间剪纸艺术，促进中外文化交流。1981年，中国驻美国休斯敦总领馆开馆，包括奚小琴在内的上海工艺美术研究所代表团的成员参加"休斯敦艺术节"，先后在休斯敦、旧金山、新奥尔良等6个城市表演，大获成功，获得了当地政府颁发的"荣誉公民"证书。很多普通百姓通过观看表演，迷上了中国剪纸、面塑、绒绣、木雕等民间艺术。当地百姓十分喜爱奚小琴的剪纸，只见她右手持剪，左手运纸，灵活而有节奏地飞快转动，游刃自如。不一会，一幅美丽的图案呈现在大家面前，他们啧啧称奇，久久不肯离去。总领馆无奈之下，只得让他们一一登记，答应以后有机会一定送剪纸作品给他们。

2004年夏，奚小琴随上海群艺馆赴巴黎参加"中法文化年上海周"的民间艺术展演活动。奚小琴在成功展示中国剪纸艺术的同时，域外之旅也开阔了她的思路。回国后,她创作的一系列反映异国风情的剪纸,如《琴尾鸟》、《树熊》、《郁金香节》等等,深得好评。

从17岁到如今已过知天命之年,一把并不精致的剪刀伴随了她人生最美丽的时光,几十年来,面对繁华面对灯红酒绿,奚小琴"纸醉"却不"金迷",她用清贫的生活守望着一份古老的艺术。生活是她创作的不尽源流,"问渠哪得清如许,为有源头活水来",奚小琴用对生活的热情,延续着海派剪纸艺术的精彩。

"剪纸巧匠"赵子平是奚小琴的师兄。1998年,美国总统克林顿访华,赵子平为克林顿现场表演剪纸,克林顿曾怀疑他的剪刀"与电脑相连接"。赵子平不用画稿,信手一气呵成剪出一幅《喜鹊闹梅》送到克林顿

* 奚小琴《老鼠嫁女、送灾纳福》

手中,克林顿信服了,欣然提笔称赞赵子平的剪纸是"精美的礼物"。回国后,克林顿还专门来信表示敬意。

赵子平早年投师王子淦门下,在大师的传授下,赵子平渐渐懂得剪纸是抒怀、言情、喜庆和实用相结合的艺术。几十年来,他的作品陪伴着剪纸历程,记录着他心中的故事,书写着这一古老民间艺术的诗篇。赵子平作为我国工艺美术的文化使者,曾多次应邀出访东欧、西欧、东南亚等十多个国家,在那里表演、展示、讲学。他在纽约联合国总部举办个人作品展览,并表演剪纸技艺;为非洲难民和世界儿童基金会义卖捐款;秘鲁国家美术学院授予他A级荣誉证书。赵子平的剪纸题材广泛,造型简练,线条流畅,红与黑的剪纸色彩映衬在白纸上,显示的艺术效果十分强烈。他的"阴阳剪"更是堪称一绝,在彩纸上巧妙地运用原有的色彩变化和图纹肌理,一气呵成,同时剪出阴阳两种图案,剪完后,阳纹线线相连,阴纹线线相断,两副图案又互有关联。赵子平的"阴阳剪"为中国剪纸艺术创造了一种新的套剪表现形式,受到了众多中外友人的喜爱。

＊赵子平《寿比南山》

赵子平吸取了中外文化的精华，作品涵盖人们视觉所触及的方方面面，并运用夸张、变形等方法，使剪纸具有独特的艺术魅力。他的创作手法学前人而不拘泥于前人，构思、造型、布局，全在头脑中形成，是属于他个人的真正原创，不可复制，也很难摹仿。他精心创作的《敦煌飞天艺术》、《百鹤集》、《百骏集》、《金鱼集》、《一衣带水》、《齐天大圣》等作品都获过金奖，极有收藏价值。

　　2007年6月9日，北京"2007中国非物质文化遗产专题展"，海派剪纸的参展作品17米长卷《上海童谣》荣获文化部颁发的"文化遗产日奖"。《上海童谣》的作者李守白，当代重彩画家，海派剪纸艺术大师，1962年出生于上海艺术世家。自小随父习画，毕业于上海工艺美术学院，曾师从王子淦、林曦明等剪纸大师。

　　阅读李守白的履历，让人目不暇接的不仅仅是他的获奖作品。出生于艺术世家的他，长期从事绘画艺术创作，1973年起便在中国各大报刊、杂志、艺术展览等发表和展出作品。作品《对舞》、《江南村姑》等分别于1982、1983年入选《上海美术年刊》；1985年，参加《上海民间艺术品赴荷兰、比利时展览》，作品被荷兰中国友好协会收藏；1990年，作品《天、地、日、月、神》、《纸马》被上海美术馆收藏；2004年，被中国民间文艺家协会授予"德艺双馨剪纸艺术大师"称号；2006年6月于上海"8号桥"文化创意园区成功举办"盛夏重彩风"个人重彩画展；7月在香港半岛酒店举办个人重彩艺术展；同年10月，他创作的剪纸长卷《上海童谣》在"2006杭州首届国际剪纸艺术节"上荣获金奖并被收藏；2007年4月，剪纸作品《石库门留影》在扬州获"中国剪纸艺术精品博览会银奖"；同年5月在上海"中信泰富广场"成功举办"海上遗梦"个人艺术展；6月，剪纸作品《石库门留影》被中国剪纸博物馆收藏；10月，剪纸作品《海上遗梦》荣获"武汉第二届国际剪纸艺术博览会"最高奖项——金剪刀奖……

* 李守白《上海童谣》长17米，共收集上海童谣39首

* 《上海童谣》局部

1991起，他受邀成为新加坡专职画师。他在新加坡、马来西亚、日本等地多次举办个人艺术展，他的绘画和剪纸吸引了世界各地的收藏家。10年的海外艺术生涯，使他对中国的传统艺术及上海的本土文化有了更深刻的认识，"唯有民族的才是世界的，上海的海派文化其实也就是上海城市文化，只有自身的母体艺术语言得到发展，我们的文化才会有生命。"

　　回国后，他重新审视上海这座城市，他把艺术视野聚焦于他生于斯、长于斯的石库门，他开始寻访上海的大街小巷，寻找他心目中的石库门，研究石库门的世俗风情。他将西洋绘画和中国传统元素融会于工笔重彩画和海派剪纸中，创作了大量以《上海石库门风情》、《上海童谣》等人文题材为背景的艺术作品，以柔美的笔触、流畅的线条、浓重的色彩，在纸上演绎出老上海的生活风貌，抒发对老上海的回忆……在剪纸艺术领域他不断创新，对剪纸手法中造型规律、技法语言和蕴藏的文化内涵不断研究，将他的生活体验和情感倾注于作品之中，形成了鲜明的海派风格，为当代剪纸艺术注入了新的生机。

　　李守白对上海石库门风情是有感觉的，无论是他的重彩画，还是剪纸，洋溢其中的是浓浓的"上海味道"。作家程乃珊评论他的作品时说："李守白用纤细的笔触、大胆甚至夸张的犹如中国年画的艳俗的着色，为我们描出了幅幅生生猛猛的石库门浮世绘。他完全有理由如此大胆，因为他太谙熟石库门内的每一个细节，完全可以天马行空，挥笔自如，得心应手。"对石库门里的文化符号，他运用写实的手法，"严谨逼真，哪怕一条咸鱼、一只油腻腻的砂锅、一双珠花拖鞋，都是一丝不苟。最精彩的是在他多幅画面中出现的那几把黄竹椅，椅上一把蒲扇、一本翻到一半的线装书和压在上面的一副老花眼镜，椅子的主人，似只是走开一阵，世上却已是花开花落、几换人间，空留着那几把黄竹椅，遗世地散落着，独对天地暮色，恬淡中有一份天长地久的守候和期盼……"

诉不尽悠悠岁月，品味无穷的海派韵味，读李守白的作品，被唤起的却是上海人沉淀于历史记忆中的万种风情。

薪尽火传。在"2008年当代海派剪纸艺术展"上，83位作者创作的138幅作品，作者有沪上剪纸世家如著名画家、剪纸艺术家丁立人夫妇和儿孙三代六人，李廷益及其儿子李守白、孙女李诗忆祖孙三代。幼儿园的小朋友也有作品入选，显示着海派剪纸艺术代不乏人。

放眼沪上，海派剪纸艺术如奇葩盛开，老一代的有林曦明、丁立人、李廷益、孙平等，年富力强的有赵子平、奚小琴、王建中、李守白、郑树林等，年轻的有李诗忆等一批莘莘学子。从地域看，徐汇、卢湾、杨浦、松江、乃至颛桥等，都将海派剪纸艺术列为非物质文化遗产。

2007年6月，"海派剪纸艺术"被上海市人民政府列入"第一批上海市级非物质文化遗产保护名录"，2008年6月，又被国务院列入"国家级非物质文化遗产保护名录"。

2009年，包括海派剪纸在内的"中国剪纸"，已被联合国教科文组织列入《人类非物质文化遗产代表作名录》。这在中国传统工艺美术发展史中，还是第一次。

剪纸，千百年来记录着悠久中华古国的艰难不屈的历程，吟唱着华夏儿女淳厚的风俗风情，这一民间艺术的诗篇在上海和着她的海纳百川的城市精神，绮丽无比。

锦绣交辉话灯彩

"东风夜放花千树，更吹落、星如雨。宝马雕车香满路。凤箫声动，玉壶光转，一夜鱼龙舞"，"庆嘉节，当三五，列花灯、千门万户"，"年年此夜，华灯盛照"……年长后，每读抒写元宵的诗词，常会勾起我对灯会的美好记忆。

有"江南灯王"美誉的上海灯彩艺术大师何克明是立体动物灯彩的创始人，他从艺八十余年，"立体动物灯"已成为上海本土灯彩艺术的代表，并随着中外文化交流，影响远播海外。

2007年，"何氏灯彩"被认定为"上海市非物质文化遗产保护项目"，2008年又被国务院公布为"国家级非物质文化遗产保护项目"。

"灯火荧煌天不夜，笙歌嘈杂地长春。"古诗中描绘的长明不熄的良辰美景，何尝不是"何氏灯彩"所思所想。后继有人，是"江南灯王"何克明的愿望，更是海派艺术灯彩的期盼。

几十年过去了，每逢元宵总忘不了儿时豫园看灯会的情景。"东风夜放花千树，更吹落、星如雨。宝马雕车香满路。凤箫声动，玉壶光转，一夜鱼龙舞"（辛弃疾《青玉案*元夕》），"庆嘉节，当三五，列花灯、千门万户"（柳永《迎新春》），"年年此夜，华灯盛照"（王诜《人月圆》）……年长后，每读抒写元宵的诗词，常会勾起我对灯会的美好记忆。

年年此夜，华灯盛照

正月十五为夏历第一个月圆之夜，也是一元复始、大地回春的夜晚，

歲華紀麗譜：成通十年，正月二日，街坊點燈張樂晝夜喧闐。蓋自此言之，唐之餘風由此，平之六中承，時放燈不徹，上元也。

◆ 鬧元宵

人们庆祝，称"元宵节"。

"元宵节"，又称"上元节"、"灯节"。元宵赏灯的习俗由来已久。有书可查的，可以上溯到二千年以前的汉朝。唐玄宗开元时起，元宵节"放灯火三夜"，至宋太祖开宝年间又加两夜，从正月十四庆祝到十八，称"五夜元宵"。在欢庆中，灯是主要角色，赏灯是一大盛事。孟元老在《东京梦华录》描绘了宋代汴京的灯会："灯山上彩，金碧相射，锦绣交辉……诸坊巷、马行、诸香药铺席、茶坊、酒肆，灯烛各出新奇……用辘轳绞水上灯山尖高处，用木柜贮之，逐时放下，如瀑布状，又于左右门上，各以草把缚成戏龙之状，用青幕遮笼，草上密置灯烛数万盏，望之蜿蜒如双龙飞走。"

灯市风俗之盛，灯彩制作之精，可以看出我国灯彩制作的悠远历史和灯彩艺人卓越智慧。

从考古发掘的汉代灯具看，汉代是我国古代早期灯具艺术的繁盛时代，汉代灯具十分丰富，如行灯、鼎形灯、座灯以及动物形灯等，制作灯具材料也有铜、铁、陶、玉、石等多种。虽然有关汉代元宵灯彩的记载较少，但出土的汉代灯具足见当时灯彩的绚丽灿烂。

唐宋时期，随着官定灯节假日的制定，彩灯制作进入盛世。每逢元宵，"月华连昼色，灯景杂星光"，家家户户张灯结彩，远远望去，万家灯火，形成瑰丽景色。南宋时，彩灯从民间家庭自扎自玩的手工艺品变为用来交易的商品，杭州出现了灯市，种类繁多，有琉珊子灯、巧作灯、珠儿灯、人物满堂灯、羊皮灯等数十种，其中用绢帛制作的无骨灯者，浑然如玻璃球，不仅景物奇巧，又能灌水转动。还有"滚地灯"，能沿地滚动，灿若流星。南宋时期在张挂彩灯的同时，又增加了灯谜内容，进一步丰富了元宵的文化内涵。

明清时期，由于历代帝王都十分重视元宵节，彩灯的品种和样式有了新的发展。明太祖朱元璋建都南京后，为庆贺元宵节，曾在秦淮河上燃放水灯万盏。明成祖朱棣迁都北京后,除在现今的灯市口设立当时最大的灯市外,还在永乐七年诏令元宵节自正月十一日起,给百官放假十日,以度佳节。元宵节上的花灯种类繁多,形态千变万化,制作技艺各具特色。按造型分,有拟形鱼灯、虎灯、荷花灯、花瓶灯、八仙灯和几何形圆纱灯、四方灯、五角灯等;按内容分,人物类灯有仕女童子、钟馗打鬼、刘海戏蟾等,花草灯类有栀子、葡萄、杨梅、仙桃等,禽虫类有鹿、鹤、龟等;按组合方式分,有单体灯、子母灯和集合灯(如灯山、灯树、灯楼);按工艺材料分,有纸灯、布帛灯、琉璃灯、料丝灯、玉栅灯、珠子灯、羊角灯、牛角灯、麦丝灯、竹灯等;云母屏水晶帘、万眼罩等各种花色更堪称奇巧。

　　灯彩的造型多以四、五、六为基数,以象征四时、五方、六合之数,其装

＊ 灯会上名目繁多的花灯

169

饰则更多讲究,多象征寓意。花灯的题材内容和造型装饰相结合,体现了中国传统吉祥文化。灯彩艺术吸收了中国绘画和古代建筑的美学理论,融抽象构成、拟形雕塑、平面书画、复合装饰和光动机制于一体,是一种具有浓郁民族特色的综合空间艺术,并把空间意识转化为时间过程,利用空间的畅通、阻隔、起伏、变化,使人领略到空间、时间、秩序、节奏、色相的和谐之美,充分体现了古老中华灯彩艺人的才智巧思。

明清时代灯彩的兴盛造就了一批著名工匠,明代有潘凤、王玄、赵萼、王新建、赵虎、赵瞻云、顾后山、张九眼和包壮行等,清代有钮元卿、徐廷锟、沈宇宸、徐致祥、沈则庵等。

自明代起,弘治、嘉靖年间修纂的地方志记载了上海元宵赏灯风俗,正月十三上灯,十八落灯,十五元宵灯彩为高潮最动人,繁华商街花灯高照,灯市红火,笔者记忆中的豫园灯会更是"闹蛾雪柳添妆束,烛龙火树争驰逐"(朱淑真:《忆秦城》)。

上海近代灯彩继承了古代灯彩的优秀技艺,不仅灯彩的材质在不断更新,有麻、纱、丝绸、玻璃等,而且品种更为丰富,有撑棚灯、走马灯、宫

* 灯王何克明

灯、立体动物灯四大类，其中"何克明灯彩"又称"上海立体动物灯彩"，集观赏性、艺术性、装饰性于一体，是上海灯彩艺术中最精粹的部分。

有"江南灯王"美誉的上海灯彩艺术大师何克明是立体动物灯彩的创始人，他从艺八十余年，"立体动物灯"已成为上海本土灯彩艺术的代表，并随着中外文化交流，影响远播海外。

"江南灯王"何克明

上海南市至今有条"南京街"，街名的来历是因为昔日那里居住着从南京逃来的众多难民。清道光年间，家乡发大水，何克明的祖父带着家眷流落上海，在那里住了下来。祖父以卖柴维持一家人的生计，十分窘迫。何克明的父亲何莲生成年后靠卖马奶养家糊口，后来学会医治马病。何克明，又名何公男，回族，信仰伊斯兰教，1893年生于上海。母亲所生11个子女中，何克明是唯一活下来的。

何克明读了3年私塾后辍学，之后便在锦泰义洋布店当过学徒，卖过栀子花白兰花，摆过饮食摊。12岁那年的元宵节，何克明在灯会上被流光溢彩的兔子灯、马灯、龙灯所吸引，尾随着舞龙灯的队伍走了十多里地。回来后，他学着用竹篾扎出了龙头灯，从此与灯彩艺术结下了不解之缘。

他扎的球灯、青蛙灯、仙鹤灯销路很好，渐渐地在老城隍庙一带出了名，人称"灯彩何"。上世纪40年代初，一个日本军官为了宴请同僚，派人要何克明扎个大吊灯，何克明不愿为日寇效劳，在期限的末一天，留下个癞蛤蟆灯悬挂在梁上，带着全家连夜逃到租界，化名何俊德，躲了起来。日本人为此大怒，砸毁了他在南市的家。

何克明在贫困中苦度时光，熬到解放，他已年近花甲。1950年，时任上海市长的陈毅看了何克明扎制的公鸡、仙鹤灯彩后，十分欣赏，立即派人找到他，并让文化部门请医生免费为他治愈了心脏病。1953年，何克明创作的大型灯彩《百鸟朝凤》在上海举行的华东工艺美术观摩会上参展。这件高11尺，长6尺的大型作品，周围是100只千姿百态，栩栩如生的珍禽奇鸟，围绕中间亭亭玉立的金凤凰，表达了翻身人民拥护共产党的喜悦心情。作品引起了很大的轰动。陈毅市长连声称好，特地与何克明合了影，并说："将来请你当灯彩教授。"这件作品后来作为上海的四件礼品之一送到北京，作为毛泽东60寿辰贺礼，并被国家历史博物馆收藏。之后，何克明接连创作了《八骏图》、《松鹤同春》、《和平鸽》、《金鸡三唱》、《双龙戏珠》等作品，《双龙戏珠》被国家民族文化宫收藏。1956年，何克明应聘到上海工艺美术研究室工作；1957年，出席第一届全国工艺美术艺人代表大会，不久，被授予灯彩工艺师称号。同年，他制作的一对《白孔雀》作为国礼送给胡志明；《鹿鹤长春》赠予访华的苏联最高苏维埃主席伏罗希洛夫。1964年，《鸳鸯鸟》在斯里兰卡展览会展出；1979年，《松鹤》和《龙舟》在南斯拉夫等国巡回展出；1980年，《龙龟》、《龙凤》在日本横滨中国工艺品展览会上展出。西哈努克、撒切尔夫人等国际友人都接受过他制作的灯彩，并给予高度评价。

* 何克明《松鹤》

何克明自幼受古老灯彩的熏陶，博采南北灯彩之精华，无师自通，别出心裁，逐渐突破流行的灯彩形制，吸收西洋雕塑艺术，以动物造型作为骨架结构，用铅丝缠绕皱纸代替传统的竹篾，使扎制的灯彩骨骼结构准确，细致精湛，造型生动，姿态传神。他的灯彩以民间群众十分喜爱、充满灵性和吉祥象征的动物作为题材，包含着民间故事的内涵，凝聚着中华悠久历史的文化底蕴，玲珑剔透、栩栩如生。天上飞的、地上走的、水中游的，大到老虎、大象，小到青蛙、金鱼，在何克明的创作中，一件件都形象逼真、充满情趣。

何克明以他独树一帜的动物立体造型灯彩，形成了海派艺术灯彩，赢得了"江南灯王"的美名。

"文革"期间，何克明被关进"牛棚"。之后又被送到工厂挖阴沟、拉劳动车。1972年，在周总理过问下，工艺美术行业得以恢复，何克明回到研究室，重又开始艺术生涯，作品《雄鸡啼鸣》、《孔雀开屏》、《梅鹿同春》等在同年举行的上海工艺美术展览会上广获好评。1974年，何克明在"批林批孔"中再遭厄运，他的表现农民送粮进城的灯彩《送公粮》被作为"回潮"的代表作而遭批判，何克明被迫退休。

＊ 何克明《雄鸡啼鸣》

* 何克明《孔雀开屏》

* 何克明《梅鹿同春》

1976年10月，粉碎"四人帮"之后的何克明欣喜万分，他给上海市委宣传部写信要求重返灯彩艺坛。何克明三进上海工艺美术研究室。

党的十一届三中全会以后，何克明重新焕发青春，接连创作了《龙舟》、《龙凤飞舞》、《金玉满堂》、《万象回春》等优秀作品。作品《龙凤飞舞》充满了喜庆气氛，金色的龙盘柱而上，腾空欲飞，身上2000多块鳞片，在灯光映照下，熠熠生辉，一旁的百鸟之王昂首高歌。作品无可掩饰地倾诉了何克明对盛世的赞美之情。作品《龙舟》虽仅80厘米长，却精致无比。船上楼台亭阁错落有致，船舷彩旗招展，花团锦簇。两边十多个水手奋力挥桨，给人一种催人向上的感染力。

为使海派艺术灯彩后继有人，从1956年起，何克明先后带了四批学

* 灯王何克明祖孙三代制作灯彩

生，他在有生之年要把自己的手艺传授给年青一代，让海派灯彩永远华灯盛照，锦绣交辉。90高龄时，他还每周二次到研究室示范教学，有时还带学生到动物园观察飞禽走兽的动作、形态，掌握动物灯彩的基本技法。他要求学生不仅要做到形似，更要做到神似。在他辅导下，学生们成长很快，出自学生之手的《百鸟争鸣》、《狮子戏球》等作品展出后，也得到行家们的好评。

"何克明灯彩"先后在国内外参展，受到赞誉和好评。1985年，上海工艺美术研究所为他隆重举行"何克明灯彩艺术生涯八十周年观摩展览会"。1986年，经全国工艺美术联合协调组织批准，何克明被授予"特级工艺美术大师"称号。是时，全国获得这一殊荣的仅10人。

* 何克明《龙凤飞舞》

1989年，一代灯王陨落，何克明享年94岁。

2004年以"何氏灯彩"为主风格的"上海立体动物灯彩"被上海市政府列为上海市传统工艺美术优秀品种。

2007年，"何氏灯彩"被认定为"上海市非物质文化遗产保护项目"，2008年又被国务院公布为"国家级非物质文化遗产保护项目"。

独树一帜的海派灯彩

2009年6月13日，全国"文化遗产日"。

是夜，位于上海汾阳路上的工艺美术博物馆流光溢彩，一场"上海灯彩传承展"正在这里给市民带来一次光影五色的视觉享受。草坪上、水塘里造型各异的彩灯让人流连忘返。

"何氏灯彩"是那夜的主角。

"何克明灯彩"在清末民初城隍庙灯市脱颖而出后，便饮誉江南。1985年，正值何克明从事灯彩艺术80周年之际，中国邮政发行了一套"T104花灯"的邮票，其中的"金玉满堂"就是何克明的作品。画面中一条晶莹剔透的金鱼游弋于绿叶红荷之上，栩栩如生。"金鱼"谐音"金玉"，寄托了作者对美好生活的祈愿。

纵观"何氏灯彩"，在表现内容上，类似"金玉满堂"的题材比比皆是。如：《百鸟朝凤》、《鹿鹤长春》、《双龙戏珠》、《龙凤呈祥》、《乌龙取水》、《一路（谐"鹭"）荣华》、《凤穿牡丹》等。麟凤龟龙，自古被谓之"四灵"，为吉祥瑞兽，在何氏动物灯彩中，麟凤龟龙也较为多见。

作为毛泽东60寿辰贺礼之一的《百鸟朝凤》，是何克明上世纪五十年代的代表作。凤凰乃百鸟之王，《诗经》中说："凤凰鸣矣，于彼高冈；梧桐生矣，于彼朝阳。"《尔雅·释鸟》篇更是生动描绘了凤凰的体态，尊贵华丽，雍容祥和。何克明深谙凤凰是美的化身，调动各种艺术手段，将凤凰塑造得光辉四射，凤凰四周姿态各异的百鸟围绕，分明表达了老艺人对新中国的拥戴之情。

作为国礼赠予伏罗希洛夫的《鹿鹤长春》，是何克明的另一杰作。仙鹤和梅花鹿是古代常见的祝寿类吉祥纹样，《鹿鹤长春》也称"六合长春"，"鹿"与"六"谐音，"鹤"与"合"谐音。鹿为瑞兽，鹤为仙禽，意在颂扬春满乾坤，万物滋润。《抱朴子》和《淮南子·说林》中分别有"鹿寿千岁"和"鹤寿千年，以极其游"之句。《鹿鹤长春》表达了作者对国际友人的良好祝愿。

现为北京民族文化宫珍藏的《双龙戏珠》，是何克明创作的最著名的佳作之一。从汉代开始，双龙戏珠便成为一种吉祥喜庆的装饰图纹，广泛

* 中国邮政"T104花灯"邮票

用于建筑彩画和各种艺术品。何克明灯彩中，两条巨龙以一颗巨大的夜明珠为轴心，凌空翻腾，盘旋起舞。天龙全身披金，威猛神勇；地龙通体着银，沉稳矫健。龙身数以千计的鳞片熠熠生辉，每个鳞片都须经三道工序，周身美轮美奂，晶莹辉煌。

上世纪八十年代，何克明重返灯彩艺坛不久，创作了灯彩《乌龙取水》。作品以民间故事中东方乌龙战败三脚蛤蟆，夺回"水眼"降雨九州为题材，其寓意分明表达了作者在粉碎"四人帮"之后的喜悦。作品中凌空而下的乌龙目光如炬，蛤蟆则鼓眼苟延残喘，正邪善恶泾渭分明，叙说了邪不压正的不灭真理。

何克明的后人在题材选择上，继承了"江南灯王"的传统。由何克明长孙、上海工艺美术研究所的灯彩工艺大师何伟福耗时五个半月，制作完工的名为《凤穿牡丹》的灯彩组灯，2009年6月13日，在"上海灯彩传承展"上亮相，就是例证。《凤穿牡丹》制作精美，七彩凤凰栩栩如生，在百鸟的簇拥下昂首穿越牡丹花丛，寓意着申城市民喜迎世博、向往美好明天的共同心愿。

传说中的故事为何氏动物灯彩提供了遐思的空间，但让想象化成光彩夺目的作品，无疑不是一蹴而就的，对日常生活中的细心揣摩就是其中必不可少的环节。为了观察，何克明曾经把家变成了一座动物园，鸡、鸭、猫、狗、兔子、松鼠都成了家里的"贵宾"。何伟福清楚地记得，上世纪60年代自然灾害期间。一家人眼巴巴地看着家里的一只大公鸡，希望能饱餐一顿。谁知何克明不仅不让家里人吃，还要求家人从嘴里省下粮食，喂给公鸡吃。年幼的何伟福只能咽下馋涎的口水。谁让这只公鸡是祖父做灯彩的"模特"呢？

何克明灯彩的内容集中国传统的历史文学、书画艺术、风俗礼仪、神话传说于一炉，有着浓郁的民族风情。为表现这些意蕴，何氏又赋之于精

* 何克明《乌龙取水》

* 上海灯彩传人何伟福

湛的各种手工技艺,使之成为立体的图画,体现了它独特的文化价值。

我国北方以圆形的宫灯闻名,江南一带侧重于用料和多变的装饰。何克明创造的'动物立体造型灯彩',以富有生命的活力和结构复杂而著称,艺术价值极高,在灯彩这一民间工艺中鹤立鸡群,独树一帜。

"何氏灯彩"的制作技艺和工艺流程独具匠心。扎骨架前,先把铁丝拉直拉挺,不让其有延展性,为防止生锈打滑,铅丝须以绉纸缠绕。扎制灯彩骨架,是把创作者表现艺术创意的关键步骤。灯彩骨架唯有结构准确、细致生动,是以后作品精湛传神的基础和保证。裱糊用的白棉纸或丝绸绫缎,以薄、匀、透为佳。最后的装饰是点睛之笔,用彩纸剪制眼、嘴、耳、鼻和点缀的花纹,粘贴在适当的部位,细微处用笔描摹后,一件灵动华丽的作品就显现在世人面前。何克明总结的在技术上"搓、扎、剪、贴、裱、糊、描、画"的八字要领和工艺上"匀、正、紧、挺、齐、鲜"的六大特征,是他毕生艺术实践经验的概括。

明代苏州匠师赵萼融剪纸艺术于灯彩,首创"夹纱灯",著称于世,北京著名书画家米万钟在灯纱上彩绘,以"米家灯"闻名遐迩。20世纪初,上海何克明以铅丝扎做骨架,外糊各色纱绢、绸缎,并嵌以金银线,人称"灯彩何",声震江南。

历经百年沧桑的"何氏灯彩",已成了上海工艺美术的靓丽风景。

海派长明灯

"灯火荧煌天不夜,笙歌嘈杂地长春。"古诗中描绘的长明不熄的良辰美景,何尝不是"何氏灯彩"所思所想。后继有人,是"江南灯王"何克明的愿望,更是海派艺术灯彩的期盼。

何克明在世的时候带过几批徒弟,吕协庄继承了师傅的事业。吕协庄的五个师兄师姐早已各奔前程另择高枝了。一种对传统文化的热爱让吕协庄坚持到今天,使她和灯王的孙子何伟福成为海派艺术灯彩屈指可数的传承人。

吕协庄中学毕业后被分配到工艺美术研究所,跟随何克明学灯彩,从此与灯彩结下不解之缘。一开始,灯彩的五光十色曾经让年轻的吕协庄很兴奋,不几天的基本功学习就让她感到枯燥无比。学灯彩的第一步就是抽铅丝,从商店里买来一卷卷的铅丝,要把它拉直,使它不再伸展,然后用手搓,把一层很薄的绉纸均匀紧密地缠绕在铅丝上。最初的半年,吕协庄每天一坐就是几个小时,要搓上百根铅丝。姑娘细嫩的双手很快被磨出了泡,手指上也全是纸边划出的道道伤痕。

在这批弟子中,她最小,却是师傅最疼爱的。老人像父亲一样问寒嘘暖,关心着她,在她无以坚持时,师傅对她说,抽铅丝看似简单,却要从中体味铅丝刚和柔,灯彩的骨架造型全凭这铅丝,掌握了粗细铅丝的特性,也就掌握了灯彩的关键。师傅留下一句话:"搓半年铅丝,够你受用一辈子。"搓、扎、剪、贴、裱、糊、描、画,是何氏灯彩的八字要诀,搓半年铅丝之后,吕协庄开始逐一学习扎骨架等其它工序。平日里师傅和师母待她如亲生女儿,但在学艺时,师傅十分严格。有一次做梅花鹿骨架,吕协庄一连做了四只,师傅都不吭声,直到做完第五只,何克明才满意:"就这只留下来吧。"

在最初学艺的日子里,师傅手把手地耐心教导,毫无保留。吕协庄也认真学习揣摩,领悟个中奥妙。花开花落,几易春秋,十余年寒窗让吕协庄终于崭露头角,脱颖而出。吕协庄有一本厚厚的相册,里面都是她创作的作品,龙舟、凤舟、羊灯、马灯、鹿灯……各类灯彩,无不设计精巧,龙凤呈祥更是得灯王之真传。她的立体动物彩灯许多已被有关机构和爱好者收藏。

何克明在研究所向吕协庄等弟子传授灯彩技艺的同时，在他南昌路的居室里也摆开了课堂，学生不是别人，正是他的孙子何伟福。

何伟福虽然生长在灯王之家，虽然他也喜爱灯彩艺术，但在计划经济年代，他中学毕业只得服从统一分配，去钢铁厂当钢铁工人。三十岁那年，他内心渴望制作灯彩的愿望越发强烈。那年，何克明已年逾八旬，步入耄耋之年的灯王得知爱孙想学灯彩手艺，当然喜不自禁。爷爷对他的要求严过学生，抽铅丝的基本功，就让孙子练了，满腹精湛的技艺也倾囊相授。自然界那么多动物，爷爷在传教时化繁为简，触类旁通。仙鹤、螺蛳鸟、黄莺、喜鹊、鹦鹉、麻雀……爷爷告诉他，有共性也有个性，鸟要像鸟，不能像鸡，鸽子头是和尚头，高高的圆圆的，鹤是长头颈，细长腿……总之扎灯一定要形准，要体味每种动物的各自特点。如何捕捉精彩的龙灯神韵，老人将毕生秘籍传授给孙子，他说龙眼像虾眼，龙耳如鹿耳龙鼻孔似狮子，龙爪若老鹰……

何伟福成了何氏灯彩的第三代传人，也是家族中唯一继承灯王祖业的后代。何伟福的作品传承了"何氏灯彩"百年精髓，注重写实，造型生动，神形兼备。在题材的选择上，他与何克明一样，也离不开悠远的中国传统文化。他的灯彩作品"金龙戏珠"参加了1987年世界博览会，并被举办地永久收藏。前不久，他历时五个月为上海世博会创作的《凤穿牡丹》又广获好评。近期他的新作《松鹤长春图》又博得大家的喝彩，八只仙鹤或嬉戏或凝望或欲飞，神态各异，惟妙惟肖。何伟福说："以前家里有喜事，都要张灯结彩，现在上海举办世博会，是天大的喜事。"他多么想自己的灯彩为上海世博会增添浓浓的喜庆气氛啊！

"何氏灯彩"与诸多传统工艺美术一样，一度濒临后继无人的困境，何克明曾为此担忧过，作为"何氏灯彩"传承人的吕协庄、何伟福也曾为此陷入深深的忧虑。"山重水复疑无路，柳暗花明又一村"。2007年，"何氏灯彩"被认定为"上海市非物质文化遗产保护项目"，2008年又被国务院公布为"国家级非物质文化遗产保护项目"。这两条有关"何氏灯彩"的重大利好消息，无疑为这一古老的民间艺术注入了新鲜血液。几十年来，何伟福和吕协庄从未放弃他们传承的灯彩事业，"何氏灯彩"申报国家非物质文化遗产的成功，使他们看到"何氏灯彩"将成为名副其实的"海上长明灯"。

卢湾区在申报中国非物质文化遗产时拍摄了"何氏灯彩"的专题片；卢湾区文化大楼落成时，将为"江南灯王"专设展厅；在中小学、社区开设了普及"何氏灯彩"的手工教学课……在政府关注和扶持下，"何氏灯彩"峰回路转，"肯定不会失传！毕竟是中国的传统文化。"吕协庄对海派艺术灯彩的前景充满信心。何伟福更是在社区开班教彩灯技艺，他希望把这门民间工艺传授给社区灯彩艺术的爱好者。前不久，卢湾区瑞金二路街道和有关部门联合开办了"何氏灯彩传承班"，那里有何伟福的七八个徒弟。每周在学员们集中学习和实践的时间，他总会抽时间去指点一下。何伟福说，"这些徒弟中只要有一两个能够学成，办这个传承班也算是值得了。毕竟，'何氏灯彩'不仅仅是我们一个家族的事业。"

何伟福的儿子何瑞卿正在念高中，何伟福也很想子承父业，让"何氏灯彩"代不乏人。可何瑞卿却一直嫌父亲做的彩灯式样"土"："如果老爸做些时尚点的卡通人物，比如周星驰新电影《长江七号》里那只外星狗，我肯定愿意当他的接班人！"何瑞卿也想学灯彩，只是希望在题材上更多地注入现代元素。

还是2009年6月13日，那个全国"文化遗产日"之夜，还是那场名为"光影五色上海灯彩传承展"。那次展览的一个重要内容是向参观者展示传统灯彩的制作，演示者是来自嘉定区外冈小学的学生，他们有的用铁丝弯制"骨架"，有的剪裁灯纱，有的为灯彩装饰……整个灯彩制作过程，孩子们颇为娴熟。

带队参加灯彩制作演示的一位学校领导说：灯彩是中国传统民间工艺，"何氏灯彩"已被列为是国家级非物质文化保护项目，为了让这一民间艺术得以传承，外冈小学从一年级开始就培养孩子们对灯彩的兴趣，二三年级开始学习制作简单的平面灯、纸灯等，到了四五年级就能制作立体的灯彩。制作灯彩已成为学校的传统特色。外冈小学重视祖国非物质文化遗产教育，把"何氏灯彩"的技艺普及传承引入学校的日常教学，并称之为一种"文化认同"。上海工艺美术研究所对此表示了极大的热情，专门派出"何氏灯彩"传承人赴校授艺。

2009年6月27日，同样内容的"光影五色——上海灯彩传承展"在外

＊外冈小学学生正在绘制灯彩

冈小学展出后落下帷幕。闭幕式前，外冈小学展出了师生扎制的十二生肖灯、农家乐组灯、四季风景灯和中国红系列灯彩，向领导、来宾现场展示了扎制"何氏灯彩"等活动。活灵活现的灯彩和师生娴熟的扎灯技艺让与会者赞不绝口。闭幕式上，"何氏灯彩"传人何伟福获传授贡献奖，外冈小学获"上海灯彩"普及贡献奖。

"何氏灯彩"已经走过了百余年，几多辉煌，几多沧桑。如今，它与学校、与教育、与莘莘学子紧密结合，不仅为海派灯彩，而且更是为缤纷的各类传统工艺的传承和发展提供和拓展了一条五色之路。这样的"文化认同"将使海派艺术灯彩长明不熄，流传千载。

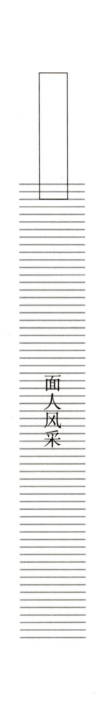

面人风采

挑担提箱，走乡串镇，街头捏面，瞬间传神。面塑作品诞生于民间，扎根于百姓，是生命力极强的民间造型艺术，也是研究历史、民俗风情和美学的不可忽视的重要资料。

中国的面塑艺术已经流传千余年，已成为中国传统文化和民间艺术的一部分。2008年6月，赵阔明开创的上海面塑艺术被列入中国非物质文化遗产名录，小小面塑登入了大雅之堂。

在上海的经历和江南的风土人情，对赵阔明的创作产生了深刻影响。对南方艺术特点的认同，最终造就了他成为中国面塑的南派宗师。

1981年，赵阔明走完了他饱经风霜的人生之路。赵艳林痛定思痛之余深感父亲的嘱托和肩上的职责，从此她要担当起传承和振兴这门古老民间艺术的重任。

海派面人生气勃勃的风采将永远。

这一幕赵艳林一直难以忘怀。

1981年，她在美国旧金山访问、表演，一位年逾八旬的美国老人，颤颤巍巍地拿出纸包，小心翼翼地把包裹的棉花一层层打开，几件昔日的中国面人出现在赵艳林眼前，婀娜凄美的林黛玉、笑容可掬的老寿星、悠然垂钓的老渔翁……都令她似曾相识，色泽虽已不很光鲜，品相却仍完好。老人说，这是30年代在上海"面人赵"那里获得的。

果然是父亲的作品！赵艳林心头顿时一热，赵阔林的面塑竟让大洋彼岸的一位老人珍藏了近半个世纪……

中国民间的古老艺术

赵艳林的父亲赵阔明是我国现当代最杰出的面塑艺术家,蜚声海内外。

赵阔明为其奉献毕生的面塑艺术在中国已经流传千余年,已成为中国传统文化和民间艺术的一部分。2008年6月,赵阔明开创的上海面塑艺术被列入中国非物质文化遗产名录,小小面塑登入了大雅之堂。

面塑起源的具体年代尚无考证,出土于新疆吐鲁番阿斯塔那地区的唐代永徽四年(653年)的面制女俑头、男俑上半身和面猪,是目前发现的最早面塑。宋代,捏制面人已成为民间很流行的习俗,尤其在各个传统节令期间。在南宋孟元老的《东京梦华录》中,我们可以读到这样的文字:"寒食前一日,谓之炊熟,用面造枣锢、飞燕,柳条串之,插于门楣,谓之子推燕","以油面糖蜜造如笑靥儿,谓之果实花样"。当时有戏曲人物、孩儿鸟兽、飞燕形状等面点,可谓"奇巧百端"。

河南杞县至今仍有一首儿歌:"面花儿,面花儿,吃着好吃,拿着好玩。"这"面花"既是儿童们的美食,又是一种可赏玩的民间工艺品。早期"面花"的成因一是用于祭祀天地神灵,二是逢年过节可供孩子们既玩又吃。每逢春节,中国农村家家户户各显其能,捏制的"面花"五花八门,有玉兔、小猫、小狗、鱼儿、鸟儿等各种动物,有花卉、葡萄、石榴、苹果,也有各种面娃娃。"面花"艺术中的捏"面人",在清末独立发展起来,在体现它的经济价值的同时,已具备较高的艺术价值,成为一种观赏性很强的面塑艺术。

清咸丰三年(1854年),山东菏泽穆李庄原先做泥塑的王清源、郭湘云等人用染色的糯米粉捏面人(俗称"江米人")销售,很受欢迎。发源于山东菏泽的"鲁派"面塑造型较粗犷。相对而言,京津一带的"京派"

* 面花《长命锁》

面塑则玲珑精致。"京派"中的微型面塑,在核桃壳中竟能塑成"水帘洞"猴戏,令观者叫绝。

据《中国民间艺人志》记载,光绪年间,天津出了一位"面人张",因其早年抄录校勘戏曲,人称"百本张"。我没见过他的作品,我揣想着,他的面人所以受青睐,也许与他熟稔戏曲有关。戏曲中的传奇故事、人物体现在捏面艺术中,那一定精彩无比。可惜"百本张"晚年眼睛失明,穷困而死,其技艺也因此失传。

在"百本张"之后的20年,天津又出现了一位著名面塑艺人潘树华。后来,他到上海、无锡等地,将天津的面塑技艺传到了江南。著名海派面塑创始人赵阔明为他东床快婿。

京鲁两地的面塑艺术现均有传承。从山东菏泽1988年的作品《穆桂英挂帅》(均高12厘米),北京的面塑作品《孙悟空》(高7.6厘米,宽4厘米)中,我们仍可见其造型的惟妙惟肖。

海派"面人赵"赵阔明究其渊源,他是在传承京派面塑的基础上独树一帜的。

当代的面塑名家,除赵阔明外,还有北京"面人汤"汤子博(1881—

* 面塑《穆桂英挂帅》

* 面塑《孙悟空》

1971）、"面人郎"郎绍安（1910—1993）、"面人曹"曹仪策（1921—1976）等。汤子博的面人生动传神，郎绍安的色彩浓重，曹仪策的则精细素雅。故宫博物院所藏清朝末代皇帝溥仪玩过的面塑，就是出自著名的汤子博兄弟之手，至今仍然艳丽如初。而名噪京城的"面人郎"郎绍安则是赵阔明的高足。

含泪走四方，只为谋生故。旧时面塑艺人多以街头卖艺为生。他们在面粉中，加入适量蜂蜜，将其调制成可雕塑材料，再将其分成几块，分别调上各种颜色。然后用竹制或骨制工具，根据顾客需要，从不同颜色的面剂中取出若干，施以捏、搓、按、轧等不同手工技巧，在5—10分钟内，捏出一件面塑作品。为招揽生意，艺人们常将捏好的面塑样品，如武松、孙悟空、刘关张、八仙过海、各种小动物等，插在卖摊架上，作为宣传用的"广告"。

* 街头卖艺的面塑艺人

* 面塑《刘关张》

* 面塑《八仙过海》

挑担提箱，走乡串镇，街头捏面，瞬间传神。面塑作品诞生于民间，扎根于百姓，是生命力极强的民间造型艺术，也是研究历史、民俗风情和美学的不可忽视的重要资料。

赵阔明与海派面塑

被称为中国面塑南派宗师的赵阔明，1901 年 5 月出生于北京，满族人。

赵阔明生长在中国最动荡的年代，大半生颠沛流离。他 10 岁丧父，14 岁丧母，自幼伶仃孤苦，捡破烂，跟随和尚打执事，在戏院里当武丑，去市场当苦力，叫卖烧饼，做过堂倌、小贩、轿夫、车夫，受尽欺凌和苦难。

19 岁那年，赵阔明只身流浪至天津，结识了面塑艺人韩英亮，并拜他为师。七个月后，韩英亮不幸去世，他便独自开始了流荡的卖艺生涯。

在北京，他白天拉黄包车，夜晚别人入睡了，他却在油灯下琢磨着捏制面塑。种豆得豆，一分努力便有一分回报，25 岁那年，他捏制的面人由于造型精美，可与北京著名面塑艺人汤子博的媲美。1935 年，他的面塑作品在"北平物产展览会"获奖，人称"面人王"。

1938 年，赵阔明来到十里洋场大上海闯荡，结识了著名面塑艺人潘树华，拜其为师，后娶其女潘桂荣为妻。赵阔明充分吸收潘树华的艺术之长，使自己的面塑技艺进一步提高，终成全国著名的面塑艺术家。

初到上海，赵阔明四处设摊出售面人，市民在静安寺等地常常可以看到这位其貌不扬却出手不凡的塌鼻子艺人。赵阔明的高超塑面技艺使他最后入堂南京路永安公司天韵楼现场卖艺，成为上海市民公认的面人第一高手，人称"面人赵"。

太平洋战争爆发后,风云变幻的时局让赵阔明深感在上海谋生不易,遂北上天津、齐齐哈尔、哈尔滨、沈阳等地鬻艺。1949年,赵阔明在沈阳开设化学面人艺术研究社,首创"不裂、不蛀、不霉"面人。1950年,他再次回到上海这座远东大都市时,已经是劳动人民当家作主的时代了。赵阔明开始扬眉吐气。1956年,刚成立的上海工艺美术研究室吸纳了赵阔明,聘他任该室副主任,安心从事面塑工艺的研究和创作。赵阔明从此结束流浪的街头卖艺生涯,他的艺术创作也因此进入了最佳境界。1957年,赵阔明加入农工民主党,同年出席全国工艺美术艺人代表大会。1958年,赵阔明当选为上海市第三届人民代表大会代表,同时任中国民间文艺研究会上海分会理事。1964年,获工艺师称号。

赵阔明在面塑艺术上的重要贡献,就是对传统面塑技艺的改革。

1924年,他在北京卖艺时,看到当时有些面人在制作时不讲究比例,造型多呈"扁"形。他着意改进面粉硬度,使所制面人呈圆形,并借鉴年画的表现方法,力求比例更准确,造型更生动。

他吸收了北派著名艺人汤子博的面塑技艺,让面人成为案头艺术,从而改变了面人一向只是由孩童拿在手里在街头充当玩偶的地位。

他学习著名艺术家潘树华的设色技艺,改进了面塑用色,使作品色彩更为鲜艳和丰富。

赵阔明在总结出一套"揉、捏、搓、捻、拧、挤、掐、拉"八种手捏方法的同时,根据面塑工具的特点,又归纳出"挑、拨、按、粘、嵌、刮、戳、滚"八种使用工具的技法。在色彩方面,他也概括了调色、镶色、复色、并列色、对比色、调和色等多种技法。他这一整套技法的形成,使面塑在表现各种人物的体貌神态以及各种质地的服饰、道具和背景时提供了多种艺术手段。

赵阔明的另一重要贡献在于他让面塑从一种即兴玩物变成可以收藏的有保存价值的艺术品。1949年在沈阳设立的"化学面人艺术研究社",

旨在攻克面塑的断裂、霉变、虫蛀三大难题。经数十年努力、上百次试验，他所研制的配方，能使面人保存十年以上。

在上海的经历、生活以及江南风土人情的熏育，对赵阔明的创作产生了深刻影响。他的作品所呈现的风格已完全不同于北方面人的粗犷、豪放，他力求在精巧细致中追求艺术的传神入化，比如薄如蝉翼的各种服饰，他可以用面粉制作后，一层一层地穿在人物身上。他的这种细腻和精巧，最终造就了他成为中国面塑的南派宗师。

赵阔明在艺术上的孜孜以求，使他的面塑作品特点鲜明。丰富的社会阅历和对各类人物神情的细心观察，使他在创作时得心应手。在作品《观音》中，用弯弯翘起的眉毛、眼角和嘴角，表现人物慈眉善目；在《达摩》中，用弹眼落睛和紧锁的浓眉，刻画人物的怒气冲冲；在《霸王别姬》中，则用圆睁而黯淡的眼色，塑造项羽的悲愤交集。

善于运用对比，是赵阔明另一重要表现手法。在代表作《关公读春秋》中，他通过周昌的暴烈、急躁，反衬关羽旁若无人的安静淡定。鲜明对比所产生的戏剧性，令观者拍案称奇。

1958年，苏联著名画家茹柯夫到上海工艺美术研究室参观，看到赵阔明在捏面人，灵感大起，当即拿出纸笔为其速写。

像是一种心灵感应，赵阔明也不声不响地从工具盒中取出面团，三搓两揉，然后双手伸到桌下，眼观来宾，凭手感为茹柯夫造像。几分钟后，两人分别亮相作品，立刻博得一阵喝彩，两位艺术家所刻划的对方都极为逼真。

两位大师意犹未尽，寻找不同角度继续着他们的即兴创作，半个多小时之后，俩人的作品已满满一桌。这些作品临别时作为礼物互赠对方。后来刊登在《茹柯夫画集》中的"赵阔明人像速写"就是引为美谈的这段往事的记录。

赵阔明创作内容以传统戏剧和神话传说为主，代表作《武松打虎》、《贵妃醉酒》、《关公读春秋》、《八仙过海》、《钟馗嫁妹》、《福禄寿三星》、《观音》、《五子戏弥勒》等，色彩绚丽，姿态万千，具有浓郁的戏剧效果。晚年不乏现实题材的佳作，《白求恩》、《鲁迅》、《民族大团结》、《友谊长城》等，被称为"立体的画，无声的戏"。

赵阔明把原先被称为"草根"民俗文化的面塑提升到艺术殿堂。

赵阔明创造了中国面塑艺术的典范。

继往开来赵艳林

打开上海面塑这一非物质文化遗产传承人的名录，赵艳林、谢雅芬、赵凤林、陈瑜、容淑芝等名字映入我眼帘。她们之中，赵艳林、赵凤林是赵阔明的女儿，无疑是得"面人赵"真传的。

赵阔明的弟子中还有一位非常著名的艺术家郎绍安。

郎绍安(1910—1993)，北京人，满族。14岁时便跟随赵阔明学艺，在师徒俩一起浪迹江湖外出卖艺的过程中，郎绍安逐步掌握了赵阔明的技艺。师傅南下上海后，郎绍安留在北京独闯天下，不断扩大影响，人称"面人郎"。1956年，"面人郎"随中国工艺美术代表团赴英国表演，名声远播。长期的北京生活使他的作品京味浓郁，以题材广泛、手法细腻、造型准确优美著称。著名作家冰心为他撰写过采访记。文中，冰心以她的春秋之笔记录了"面人郎"叙说的拜师经历：

"有一次我在白塔寺庙会上，看见有捏面人的，这位就是我的师傅赵阔明同志了，我站在旁边看他手里揉着一团一团的带颜色的面，手指头灵活极啦，捏什么像什么，什么小公鸡啦，老寿星啦，都像活的一样！我看得入了迷，一天也舍不得离开，我总挨在他身边，替他做这做那，替他买水喝，买东西吃，他挪地方我就替他搬东西什么的，我们就攀谈起来了。他问我姓甚名谁，住在哪里。我都说了。他说：'我也住在宫门口，怎么不认得你呢？'我回家去天已经晚了，父亲正要责怪我，我就把一切都告诉了，我还恳求地说：'我喜爱这个！我想学捏面人。'父亲答应了，同赵阔明老师一说，说成功了。"

郎绍安过世后，女儿郎志英、郎志丽继承其衣钵，继续创造着面人世界的绚丽。从严格意义上说，这郎家佳丽还应是赵阔明的第三代弟子。赵阔明从北京来，让其中的一脉在那里生生不息，应是他的心愿。

赵阔明一生授徒无数，他最得意的学生除了北京的"面人郎"郎绍安外，就是女儿赵艳林了。赵艳林跟随父亲学艺比郎绍安要晚整整三十五年，却深得赵阔明的艺术精髓。

　　1959年，赵艳林进入上海工艺美术研究室，成为父亲的学生。最初的学徒三年，是赵艳林最艰苦的岁月，每天她至少要花上8个小时学、练，晚上回到家里她还为自己增加"功课"，反复琢磨。传统的戏曲人物是面塑作品的主要内容之一，一有机会赵艳林就跟随父亲去剧场观赏演出，以从中获取灵感。让赵艳林感到庆幸的是，她不必像父辈那样挑担提箱走街串巷，也不必靠出售面人养家糊口维持生计。赵艳林从一开始就在研究室里学艺，并且在研究室里成为艺术家。相比于赵阔明，赵艳林显然是生逢其时，尤其是近二、三十年更可谓躬逢盛世。

　　半个世纪以来，由于父亲严格的培育和身体力行，赵艳林凭着自己的努力，技艺精湛，功底深厚，已在面塑领域独树一帜。继赵阔林之后，赵艳林当仁不让地成为海派面塑领军人物。

　　博取众长是赵艳林成功的重要原因。她除了得父亲嫡传之外，还揣摩其外祖父潘树华的经典之作。为了让戏曲人物的面塑更具神韵，她结识著名京昆剧艺术家盖叫天、俞振飞、李玉茹等人，虚心以他们为师，向他们讨教戏剧人物造型，一起切磋技艺。上海美术电影制片厂著名导演、中国动画事业创始人万籁鸣是潘树华、赵阔明的好朋友，赵艳林一踏上艺坛，就备受万籁鸣的瞩目，万籁鸣在创作动画巨片《大闹天宫》时，将三十多种孙悟空的面部形态神情模拟给赵艳林看，教她如何在面塑艺术上推陈出新。与父亲朝夕相处耳闻目染，又得各种门类艺术的熏陶，赵艳林在技艺上进步飞快，有出蓝之誉。

1981年3月，赵艳林应美中友协邀请，随中国工艺美术表演团赴美国休斯顿参加一年一度的世界民间工艺美术展览。赵艳林的现场表演引来了世界各国观众的狂热追捧，中国面人风靡休斯敦，世界各大媒体争相报道。尤其是赵艳林引起了雕塑大师张充仁的关注，并让张充仁著文向世人推介这位面塑艺术家。

正当赵艳林初出国门为世人交口赞誉的1981年，他的父亲、海派面塑的开创者赵阔明走完了他饱经风霜的人生之路。她痛定思痛之余深感父亲的嘱托和肩上的职责，从此她要担当起传承和振兴这门古老民间艺术的重任。

捏制造型生动的戏剧人物、神态逼真的古装仕女虽是赵艳林的擅长，但赵艳林并不满足于此，她还善于塑造当代人物、反映儿童生活。也许因为丈夫陈恩华是位长期从事微雕创作的工艺大师，赵艳林首创微雕面塑，引人瞩目。在运用现代科学技术研制成功多类面塑配料等方面，她也成果累累。她还注重江南民俗的研究，广泛吸收姐妹艺术长处，使自己的"海派"风格更具独特神韵。

几十年来，赵艳林先后为70多个国家的外宾演示她巧夺天工的面塑技艺，应邀出访美国、法国、香港、日本、澳大利亚等国家和地区，讲学授艺，获得美国路易斯安那州州长和德克萨斯州州长及巴顿罗杰市等五个市市长亲自颁发的荣誉公民证书和金钥匙。

1988年,赵艳林出席北京全国工艺美术艺人代表大会,万籁鸣和著名雕塑家张充仁都为她题写赞语。张充仁题词:

中国面塑工艺美术家赵艳林乃"面人赵"赵阔明之长女,继承发展祖传面塑之技,凡帝王将相、才子佳人、神佛仙怪,无所不能,更于核壳之内捏戏文人物,眉目传神,呼之欲出,献艺海外,堪称神奇之手矣。

1996年,赵艳林创作的微雕面塑作品《古时嫦娥思人间,今日台胞念故乡》被带到台湾赠予蒋纬国先生;她的微雕面塑《寿星翁》则成了张学良将军的百岁贺寿礼。小小面塑引发了相隔两岸的游子对故乡的思念,赵艳林和许许多多炎黄子孙一样,期盼着祖国的统一、亲人的相聚。老一辈面塑艺人浪迹江湖、漂泊他乡的经历,使赵艳林在创作上述作品的时候更是倾注着一种对台湾同胞"剪不断,理还乱"的悠悠情愫。

由于赵艳林的艺术成就,1996年联合国教科文组织向她颁发了"一级民间工艺美术家"证书。

2010年,世博会将在上海举行,赵艳林正思索着以什么样的作品亮相世博会?一生中能参与这样一次在中国的世博盛会,对于她,其中的意义将超越之前任何一次出访国外的表演。我深信,赵艳林一定会有一个精彩亮相。

喜看捏面新人

赵阔明的另一女儿赵凤林是"面人赵"的另一重要传人。赵凤林1964年进上海工艺美术研究室从事面塑创作,历经几十年的孜孜以求,赵凤林学得家传绝技，同时向老一辈艺术家学国画、素描、雕塑，练就一手精湛面塑好技艺，作品《古代仕女》、《农家女》、《捉迷藏》等充分显示了她妍丽、俊逸、洒脱的艺术风格。

在上海工艺美术研究所，和赵艳林、赵凤林一起工作的面塑艺术家多已过了退休年龄，被誉为"东方的明珠"、"中华之国粹"的面塑艺术眼看在上海后继无人。她们为此忧虑之际，赵艳林大学美术系毕业的儿子陈凯峰却愿意把家传的面塑技艺传承下去。

* 赵凤林《古代仕女》

* 赵凤林《农家女》

* 赵凤林《捉迷藏》

还是在孩童时代，陈凯峰就跟随父母去过工艺美术所，在那里他目睹着一块块彩色面团在外公和妈妈手里瞬间成为一个个活灵活现的面人，他感到神奇。外公和妈妈简直像魔术师。他的这种敬佩使他对捏制面人产生了浓厚的兴趣。他也捏起面人来了，灵巧的小手居然捏成《老鼠嫁女》，童趣盎然，外公和妈妈见了也忍不住夸奖他。

之后他捏制的《大灰狼》系列，受到外国友人的青睐，作为赠送外宾的礼品。中学毕业，他考进上海师大美术系，除了学油画，他还学雕塑。雕塑对于他自幼便钟爱的面塑更具借鉴意义。

大学毕业后，陈凯峰在四平中学当美术教师。他心中依然眷恋面塑，他建立面塑课外兴趣小组，把面塑列入美术特色课。从中学预科到初二的三年中，学校提供材料和工具，让学生学习面塑。学生们在陈凯峰的指导传授下，先后成功地为"神六"宇航员费俊龙、聂海胜和三位来访的美国宇航员捏制面人，逼真生动，中外宇航员为之大为赞赏。

当赵艳林被命名为国家非物质文化遗产代表性传承人时，陈凯峰深感传承中国面塑的意义所在，他要传承外公和妈妈所从事的面塑艺术，使这朵深受人们喜爱的奇葩生生不息！

年轻人喜欢面塑大有人在。一个叫张书嘉的姑娘在她10岁生日时，父母带她去逛豫园商场，让她挑选生日礼物。

琳琅满目的商品让张书嘉眼花缭乱。一个捏面人吸引住了她的眼球。各种颜色的面团在她手中变出一个个惟妙惟肖的小猪、老鼠和姿态各异的人物，让她充满新奇。她不知不觉地站了近三个小时，捏面人突然笑着问她：

"喜不喜欢啊？"

她睁大双眼连说喜欢。

于是捏面人又说："那你来虹口区少年宫跟我学捏面人吧。"

这位捏面人就是"面人赵"赵阔明的女儿——面塑大师赵凤林。

一次邂逅竟成为一生的追求。张书嘉有缘被"面人赵"的传人一眼

* 马金城祖孙三代

相中,意味着她从此与面塑结下了不解之缘。

张书嘉自幼爱好造型艺术,5岁开始学画,之后对捏橡皮泥很有兴趣,小时候练成的美术"底子"使她进入少年宫学习面塑进步很快。半年之后,上海举办工艺美术邀请赛,赵凤林选拔她去参赛。她制作的面人《孙悟空》竟然获得三等奖。初出茅庐便有斩获让赵凤林大喜过望。赵凤林从此将她认作关门弟子重点栽培。

80后的张书嘉在知识面上已和前辈完全不一样。一方面她继承传统,捏制《老寿星》、《曹冲称象》、《三个小和尚》等传统题材;另一方面她又根据自己的学识,捏制了许多新鲜的题材,如《米老鼠》、《唐老鸭》、《白雪公主和七个小矮人》、外国首相与名人造型等,拓宽了创作领域。张书嘉的作品不仅多次获奖,而且让时尚青少年也喜欢上了这门古老艺术。

由于张书嘉在这方面的出类拔萃,她经常代表上海、代表中国出访世界各国。她的面塑作品已为远在德国、美国、法国、俄罗斯、白俄罗斯、克罗地亚等国家友人所喜爱和收藏。

2003年,张书嘉从上海交通大学工业设计专业毕业,之后在一家大型国有企业的工作。2007年,张书嘉凭着"民间艺术市场化"的新颖概念获得东方卫视《创智赢家》第2季全国总冠军。这年5月,她放弃国有企业优越的工作,拿着她人生的第一桶百万创业奖金开始了创业之路。她创办成立了书嘉艺术中心,开始教授面塑技艺。

创业之初,张书嘉过着"每天周游一次上海"的生活。早上6点45分起床。将昨天蒸好的面团塞在四、五个饭盒里,开着母亲的车先到桂平路的课堂讲上三个小时,再赶到浦东三林的一家幼儿园继续上课……

如今,书嘉艺术中心在上海已经有四个教学点,学生中年龄最大的65岁,最小的只有4岁,一个暑期能招200个学员,虽然盈利多少不很重要,但每天能从事自己喜爱的面塑艺术,并能为她的广泛传播、长年延承而奔走,张书嘉觉得自己很充实很幸福。

　　像张书嘉一样,为传承古老的面塑艺术的还有一位已经退休的园林绿化技师马金城。

　　马金城是赵阔明的又一弟子。1955年,中福会少年宫在全市招收15人学面塑。马金城在数百人中脱颖而出,由于学习出色,他又"荣升"面塑组组长。马金城从此走进了面塑的奇妙世界。当年风华正茂的少年,如今已年逾花甲,但对面人的痴迷仍不减当年。

　　八年前,马金城看中了5岁的孙女马雪斐做徒弟,在他手把手地教孙女的时候,儿媳戚依平一直在悄悄地盯着他的巧手。有心栽花花亦开,无意插柳柳成荫。几个星期后,孙女略有小成,捏的不少小动物惟妙惟肖,老马意外有了更惊喜的发现,戚依平捏出的几件作品,已颇具功力。

　　已退休的马金城现在奔波多所学校间,传授面塑技艺。戚依平在工作之余自编教材教授社区里大大小小的学员,马金城笑着感慨长江后浪推前浪。

　　前不久,"马家面塑展"在上海西南文化艺术中心开幕,展示了出自马金城、儿媳戚依平、孙女马雪斐、瞿倩之手的近百件作品。

　　已被列为国家非物质文化遗产的上海面塑能不能薪火相传?陈凯峰在四平中学,张书嘉在书嘉艺术中心,马金城在上海西南文化艺术中心都向我们作出了回答。这回答不仅仅是出自他们内心的誓言,更是以他们脚踏实地的行为。

　　海派面人生气勃勃的风采将永远。

朵云轩的百年守望

朵云轩已走过了109个年头。

"镂象于木，印之素纸"。一百多年以来，朵云轩在海派文化的熏育下，形成了其木版水印用料考究精致、风格秀润的特色，与北京荣宝斋雄峙南北。

2008年6月14日，国务院颁布了第二批"国家级非物质文化遗产名录"，朵云轩木版水印技术榜上有名。

"朵云轩以木刻水印著名。一幅名画，通过良工惨淡经营的雕刻手法和水印技巧，不但可以乱真，并能传原作的神韵。""墨气飞动，酣畅淋漓，墨韵中见笔触，锋芒隐现，直与原作争胜。"

2010年，木版水印的精品将亮相上海世博会。亮相的仅仅是作品吗？我以为更是上海朵云轩百余年来对中华古国文化遗产的执著守望，是朵云轩人为弘扬传统文化默默奉献的风采。

* 齐白石《荷花蜻蜓》

2006年的一次秋季拍卖会上，一幅署名"白石老人"的《荷花蜻蜓》为众人所瞩目，无论笔墨、线条还是色彩，此画用笔老辣，墨韵丰富，堪称齐白石晚年佳作。鉴定师毫不犹豫地将此画估价18万—22万元，并印上了拍卖图录。然而，短短几分钟后，一个电话竟让拍卖行大跌眼镜。原来，这张精彩之作竟是上世纪五十年代朵云轩用木版水印技法复制而成，其成本仅800元。

风雨 109 年

朵云轩，坐落于中华第一街——上海南京东路。年少时，每每逛街，走过这里总觉她与众不同。周边的商店来往熙攘，而她却娴雅文静，恰如我所喜欢的江南女子、古典园林、风雅书斋。走进店堂，那琳琅满目的字画、那厅里摆设的古典家具、那点缀其间的绿色盆栽，乃至那营业员的斯

* 朵云轩外景

文儒雅,都让我感到氤氲其间的浓浓的文化气息。

朵云轩已走过了109个年头。

百年之前的上海开埠不久。一方面,上海迅速成为中国的商业中心,号称"十里洋场";另一方面,西风东渐,中西文化的交融使海派艺术脱颖而出。上海这个艺术新天地的形成,使江浙和全国各地的书画家趋之若鹜,并在这个舞台走红,形成了自具一格的"海上画派"。"海上画派"都想在上海站稳脚跟,打开自己的艺术市场,迎合了海上新贵的需求。这些新贵颇具财力,又有玩赏、收藏字画的雅兴,致使上海的画店、画廊不断涌现。光绪二十六年(1900年)农历六月十五日(公历7月11日),河南路上,朵云轩应运而生。

朵云轩成了艺术家与收藏家之间的桥梁,更成了展示海派艺术的窗口。

《新唐书*韦陟传》中有"常以五彩笺为书记,使侍姜主子若五朵云"之句,后人便以"朵云"为书信之雅称,朵云轩的店名由此而来。最初的朵云轩以制作、出售信笺和成扇、账册等为主营业务。

绵延不断的战乱和经济的萧条,使解放前的朵云轩举步维艰,每况愈下。新中国的成立让朵云轩重新焕发青春。

1960年,重建后的朵云轩三路并进。一路将最早以作坊手工印制信笺,发展为大规模的扩展木版水印事业,印制技艺更臻完善,复制的书画更为繁复;二路将木版水印扩及现代出版业,开辟了美术出版的新天地;三路则以书画经营为核心,全方位的开展艺术品经营、收藏、拍卖,打开了国内外市场,而其中中国名书画的征集、收藏和研究,为海内外收藏界学术界所关注、所称道。

朵云轩从民间征集抢救的书画文物,数以万计,可谓洋洋大观,其中不乏动人故事。有一次,上海的一位市民,其前人故世后留下大堆旧时碑帖,请朵云轩派员上门征收。鉴定人员在翻检中,蓦地发现两张残片从大多价值一般的纸堆里飘落,捡起后,独具慧眼的鉴定员断定其为宋代拓片，于是与这家人一起搜寻，翻箱倒柜几天，终于在壁角的尘埃里，发现稀世名帖《宋拓王羲之圣教序》。中国历史博物馆南下觅宝，一眼相中此帖。此帖极为珍贵，现为该馆十件镇馆藏品之一。

朵云轩被许多书画家誉为"江南艺苑"、"书画之家"。它与书画家之间的亲和关系，百年来一直为人称道。

昔日，朵云轩的老店主与倪墨耕、王一亭、赵子云等海上名流为至交，谈文论艺之余，常一起品茗吟诗、写字作画、拍曲弹唱。朵云轩与吴昌硕、刘海粟等海派画家也一直往来密切。一册《吴昌硕篆刻选集》虽已斑斑驳驳，那其中的气息却仍透逸着朵云轩与吴昌硕的友情。60年代初，朵云轩宽敞幽静的营业大厅中央，置放的红木椅桌，林风眠、翁闿运等大家们是这里的座上客，或与店里资深职员促膝交谈，交流切磋，或为读者讲道授艺。朵云轩，俨然一个艺术沙龙。今日，沪上新一代著名书画家对朵云轩也有着至深的情感，朵云轩的艺术氛围熏陶、伴随着他们脱颖而出，蜚声艺坛。

1978年以后，朵云轩的发展进入一个全新天地。上海书画出版社的出版业务和朵云轩的文化经营业务构成今日朵云轩两大主体。上世纪90

* 《吴昌硕篆刻选集》

年代，朵云轩依托品牌优势，先后成立了朵云轩艺术品拍卖公司、朵云轩古玩有限公司和朵云轩经纪有限公司。2006年"朵云轩"被国家商务部认定为第一批中华老字号企业，2007年又蝉联上海市工商管理局评定的上海市著名商标。

历经百年沧桑，朵云轩"门通九陌艺振千秋朵颐古今至味，笔有三长天成四美云集中外华章"，"南朵北荣"，与北京荣宝斋在祖国南北各领风骚。

文人雅笺

朵云轩走过了109个年头。

朵云轩木版水印的信笺也有109年的历史。

前些年，美籍华人刘冰把家传的一套诗笺，隆重捐赠给朵云轩。经专家鉴定，这套精美的彩笺，竟是朵云轩1904年的产品。出席捐赠仪式的专家惊叹之余，深感朵云轩手工印制信笺的源远流长。

笺，《辞海》的解释是："精美的纸张，供题诗、写信等用"。

＊朵云轩手工印制信笺

　　笺纸历史悠久，源远流长，早在南北朝时期就有诗赋书写于笺纸上。笺纸又称花笺、诗笺、彩笺、尺牍，是手札的载体。唐代著名女诗人薛涛与元稹、白居易等名士互赋诗词，"躬撰深红小彩笺，裁书供吟，献酬贤杰，时谓之薛涛。""薛涛笺"距今已逾千年。

　　除传统的花笺外，历代文人还喜以书斋馆名自制专用笺，清代《芥子园画谱》作者李渔自制角花笺，赵之谦自制梅花笺，吴昌硕自制桃花笺，五彩缤纷，古朴典雅。二十世纪上半叶，文人雅士对花笺的喜好有增无减。鲁迅曾与郑振铎合编《北平笺谱》，收集了北京荣宝斋、上海朵云轩等斋馆笺纸藏版，精选其中的三百余幅古今名人画笺，有林琴南的山水笺、陈师曾的诗笺、戴伯和的鹤笺、姚芒父的唐画壁砖笺、齐白石的人物笺、吴待秋的梅花笺、陈半丁的花卉笺等，于1933年木刻精印100部，分送友人，成为近代出版史上的一大佳事。该书宣纸线装，色彩古雅，内容丰富，雕刻、印刷、图案俱极佳。郑振铎对笺纸的收藏可谓着迷，他觉得用木刻水印制作的笺纸特别珍贵，他说："这是一片新的园地，还没有人涉足过，这里精美的图画每一幅我都舍不得放弃。"1930年，郑振铎在北京短短一年之内，就搜得刻印俱佳的笺纸500多种。

汪曾祺在回忆沈从文的《星斗其文,赤子其人》中,说沈从文"有一阵搜集旧纸,大都是乾隆以前的。多是染过色的、瓷青的、豆绿的、水红的,触手细腻到像煮熟的鸡蛋白外的薄皮,真是美极了。"我揣测,这旧纸应该是花笺,所言"染过色"大凡就是经过木刻水印的。此外,我就想不出还有别的什么纸可以让沈从文迷恋的了。

"五四运动"九十周年之际,近代文化名人陈独秀、梁启超和徐志摩写给胡适的信札在嘉德春季拍卖会上以744.8万元的高价成交。陈独秀、梁启超和徐志摩用以写信的正是这种水印纸笺。

二十世纪下半叶以后,我辈既无诗词雅兴,写信又多用钢笔圆珠笔和机制有光纸,传统的毛笔书法和文房四宝退出了实用舞台,笺纸已在市上少见。民间虽如此,毛泽东却仍以花笺写信赋诗,与柳亚子等旧日文人唱和。到了比我更年轻的一代,现代文明的快速推进和电脑办公自动化的普及,使他们连钢笔字都写不好,宣纸花笺便更成为稀罕之物了。

虽如此,一些传统文化的守望者仍执著地喜好花笺,这些洋溢着文人气息的抽象线条在现代文化的比照中也越发显得不同凡响,笔者的收藏

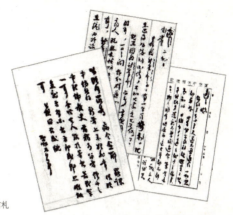

中就有鲁彦周、王火等著名作家的花笺。2007年夏秋之交，上海诗词学会副会长、作家陈鹏举在刘海粟美术馆举办《凤历堂尺牍展》，笔者奉邀观赏，见五色花笺满布大雅之堂，有俗称"红八行"的普通笺纸，也有自制"凤历堂专用笺"，更有相当部分为朵云轩所制。

花笺承载着鹏举书写的诗词信札，更承载其浩瀚文思，雅洁不俗。满室花笺尺牍之美令我心动不已，与鹏举见面时我对他说："日后凡有事，手机短信少发，尺牍一页，鸿雁传书，也让我等俗人斯文一回。"鹏举大笑。

几天后，他来嘉定，还是以手机短信告诉其行踪，只是见面时他以一尺牍相赠。那笺素色，右上方隐约几枝兰草，花蕊鹅黄含绿，极秀逸。笺

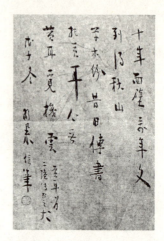

* 著名作家王火的花笺

* 陈鹏举的尺牍

上是他自己的诗:"十年面壁万年文,到得秋山草木纷,昔日传书托黄耳,今无黄耳觅机云。"落款、印章,满纸温馨。

鹏举的尺牍虽清淡却气派,每每欣赏,总让我联想起苏州园林、明代家具、古典书画、景瓷紫砂,更让我想起朵云轩那百年流传的精湛工艺。

"⋯⋯三十年前的月亮该是铜钱大的一个红黄的湿晕,像朵云轩信笺上落了一滴泪球,陈旧而迷糊。"上世纪四十年代,张爱玲曾在她的小说《金锁记》中,把朵云轩信笺作为比拟物运行于细腻的文字之中,以此形容朦胧月色的美。朵云轩信笺的风雅由此可见。

"云中谁寄锦书来,雁字回时,月满西楼。"薄薄的一页朵云轩素色纸笺,百余年来载乘着文人诗咏、名士书札,人们在体味其不俗情境的同时,感受不尽的是它散发出的文化艺术的光芒。

直与原作争胜

朵云轩走过了109个年头。

朵云轩复制的书画作品也精彩了109年。

"镂象于木，印之素纸"。一百多年以来，朵云轩在海派文化的熏育下，形成了其木版水印用料考究精致、风格秀润的特色，与北京荣宝斋雄峙南北。

2008年6月14日，国务院颁布了第二批"国家级非物质文化遗产名录"，朵云轩木版水印技术榜上有名。

1963年，朵云轩选出200件复制艺术作品，在南京西路上海美术展览馆展出。从晋代书家到现代鲁迅先生的书法，从唐代到现代各名家的绘画，聚于一堂，满室生辉。沪上著名画家唐云参观后写过一篇题为《精光照人 直与原作争胜》的文章，对朵云轩木版水印评价极高。"朵云轩以木刻水印著名。一幅名画，通过良工惨淡经营的雕刻手法和水印技巧，不但可以乱真，并能传原作的神韵。"唐云列举了上海博物馆所藏宋代李迪的《雪树寒禽图》，称"深厚的墨气，瘦劲的笔法，沉着的色彩，苍古的绢色，不是一再细看，便要认为是李迪的原作了。"又说宋人的绢本册页《鹌鹑图》，"抑扬顿挫富有节奏美的线条，和阴阳向背的墨韵，特别是墨的堆积和淡浑的色度，是一般机器印刷所不能表达出来的。"在举例论证宋人《江天楼阁图》和《峰岫楼阁图》之后，唐云评论："以极细密挺直而生动的笔法来描写富丽的建筑物，表现方法与明代仇十洲的《秋原猎骑图》有同样的复杂性，可是通过木刻水印，不爽毫发地表现了原作的精神面目。这种高度艺术技巧，可以说是大大地超越前代。把历代名画的不同风格，用不同技巧来表达，非但有木刻的特点，而且保持着绘画上各种特有艺术手法。运刀如笔，波、磔、转折，干、枯、润湿，浓、淡、深浅，层次复杂，刀法、笔法融合为一。在绢上水印，也是前代所未有，特别细若游丝线条，印在绢上不比纸上，容易受墨，印得轻，不清晰；印得重，粗肥呆板，非具有熟练的承印技巧，非对绘画技法具有深刻的修养，不能达到这样的良好的效果。"在复制的纸本方面,唐云评价仍极高,"八大山人《双鹰图》、《瓶菊图》,郑板桥《竹石图》,以及齐白石、黄宾虹等作品,墨气飞动,酣畅淋漓,墨韵中见笔触,锋芒隐现,直与原作争胜。"

"外行看热闹,内行看门道。"唐云是书画大家,十七岁步入画坛后佳作无数,对书画艺术造诣极深,他对朵云轩木版水印的评判,自然入木三分。

中国古老的雕版印刷术在中国印刷史上素有"活化石"之称。早在唐代,木版水印技艺就已相当成熟,从流传于世的中国唐代咸通九年(868年)雕版印制的《金刚般若经》插图扉页来看,无论刻版还是印制都已有相当的水平。宋元以来,用木版水印作书籍插图,极为流行,到了明代更盛极一时。特别是到了明末,陈老莲、萧云从等文人画家的加入,广泛采

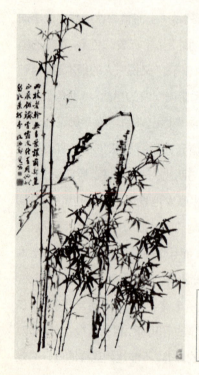

* 郑板桥《竹石图》

用"饾版"和"拱花"等复杂的套版叠印工艺,为今天的木版水印在技艺上奠定了基础。

朵云轩木版水印在传承的基础上,为适应中国画的笔墨语言,长期探索,形成了一门综合绘画、雕刻和印刷的再创造艺术,运用刻刀、木板、宣纸、颜料、笔砚、棕耙等简单的传统工具,通过"勾描"、"雕版"和"水印"三道复杂的纯手工工序,将上至晋唐下至明清以及近现代名家作品的笔情墨韵原汁原味再现出来,使木版水印产品更具"乱真"的效果。人物、山水、花鸟等各类题材,镜片、册页、立轴、手卷等众多形式,工笔、写意等诸多技法,纸、绢、金笺等不同材料……木版水印都能神奇地再现原作神韵。

朵云轩"下真迹一等"的高超技艺,成就了它木版水印的名声。

心血的凝聚

朵云轩走过了109个年头。

朵云轩木版水印技术,便也流传了109年。

一个世纪以来,朵云轩运用木版水印技术,复制了大量精彩的书画作品:晋代顾恺之绢本《洛神赋图卷》,唐代孙位的《高逸图》、阎立本的《步辇图》,宋代赵佶的《芙蓉锦鸡图》,明代仇英的《秋原猎骑图》、唐寅的《玉玦仕女图》、陈老莲的《花鸟虫草册》、徐渭的《杂花图卷》,近现代国画大师齐白石、徐悲鸿、傅抱石、林风眠、张大千、黄宾虹、刘海粟、潘天寿、谢稚柳、陆俨少、唐云、程十发等人的代表作……

朵云轩精致的复制品令人目不暇接。然而每一件木版水印字画的制作,所付出的人力、心力,代价之巨大,工程之浩大,投入之不菲却为常人所难以想象。

在刻版之前，朵云轩的工作人员先要根据原作的风格、用笔的浓淡枯湿、设色的细微变化进行分版，然后用毛笔精确无误地将原作勾描在雁皮纸上，再把线描稿反贴在梨木板上，运用各种刀具、刀法，精雕细镂，刻出各种线条，制成"饾版"或"拱花"版。所谓"饾板"，是一种在套版基础上发展起来的多色迭印的方法。根据原画设色深浅浓淡、阴阳向背的不同，进行分色，刻成多块印版，然后依色调套印或迭印，因其零砌拼凑如有饾钉，故称"饾版"。所谓"拱花"，则是我国早期一种不着黑色刻版的印刷方法，以凸出的线条来表现花纹，类似现在的凹凸印，五代时已用这种方法在木板上刻山水、花鸟、虫鱼，制研光纸。明代胡正言用饾板和拱化衬托画中的流水行云、花卉虫鱼，画面生动而且富有神韵。

为求逼真原作，不同大小的画面往往会被分成几十、几百以至上千块套版，即使最简单的作品，一花一叶，一草一木，也都需要独立雕刻成一块块的饾版，才能确保与原作不差丝毫。

复制晋代顾恺之绢本《洛神赋图卷》，刻版千余块，历时八年。

* 明陈老莲《花鸟草虫册》

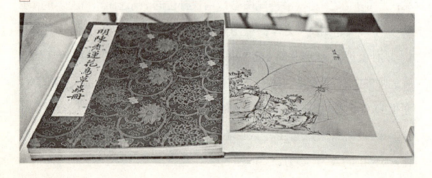

　　复制唐代阎立本的《步辇图》，雕刻木版达200多块。

　　复制明代仇英的《秋原猎骑图》，雕刻木版达190多块。

　　制版的木板一般选用木纹细密、木质匀净、板面光洁的梨木、白果木、

桦木、枣木和椴木。用椴木和桦木制成的三合板、五合板、七合板效果甚佳。水曲柳制的多合板，木纹变化多，在水印版画中能取得拓印的特殊艺术效果。刻版时的刀法五花八门，推刻、挑刻、晕刻、颤刻、摇刻、铲刻、刮刻、单刀刻……名堂如此之多，足见刻版之不易。

刻板完成，根据原作用材、颜色及笔触节奏，将水墨或色彩刷掸在已刻好的木版上，然后把一幅画的所有版子分别套印在宣纸或画绢上。至此，才完成了基本的工序。

木版水印字画的制作极为专业，也极富创造性，制作人员把握原作的素养，及其描绘、雕刻功底，以及材质、颜料、水分，气温、湿度的掌握都至关重要，稍有不慎都会导致前功尽弃。

南京博物馆收藏的《杂花图卷》长三丈余、高九寸许，是明代画家徐渭的代表作，画面笔墨奔放，气势磅礴，堪称一代佳作。朵云轩花三年刻版250余块，精心套印数千次，复制了10幅。《新民周刊》的一位记者作了

＊五花八门的木刻刀

很有意思的测算："根据数据显示,若以一个人计算,制作一幅《杂花图卷》,需勾、刻257块版子,勾描者至少要勾勒520张刻稿,总共需花一年半左右时间;而刻版者刻这些版子,也需将近一年时间;印刷者以印一卷长卷计,需用13张宣纸组成,257块版子,上、下版子和套版对位770余次,叠色套印、翻动纸张至少达3 340次。加起来一个人勾、刻、印,至少要花费4年半时间。"

木版水印的制作过程可谓耗时、耗青春、耗生命啊!

一分耕耘,一分收获。这样繁复的劳动,使《杂花图卷》的复制品以它形象逼真,在1984年香港举办的首届"上海书展"中,受到香港文化界的高度评价。

同样的辛累还表现在复制《明胡正言十竹斋书画谱》上,历时四年重

* 参展2009年"民博会"

梓的这件作品在1989年莱比锡国际图书艺术展览会上，获得历史上从未有过的最高奖项——国家大奖。

2008年，上海举办过一次"民族民俗民间文化博览会"，这次民博会以展示上海非物质文化遗产为主题，运用图片、文字和实物的形式，展现了生生不息的沪上民间工艺。在"海上珍宝"展厅，朵云轩制作在金箔上的高2.1米，宽7.2米，的木版水印的精品《群仙祝寿图》夺人眼球。正是为复制这幅任伯年的《群仙祝寿图》，朵云轩花了八年的时间。在制作的过程中，有记者曾目睹工作人员正在雕刻制版，《群仙祝寿图》中的一位人物的雕刻就需7天，由于人物画面色彩繁多，仅人物头上一朵指甲大小的花朵都得单独为它做一块色板。《群仙祝寿图》在尺幅上将是木版水印史上的大型精品之最，凝聚了朵云轩人大量心血。2009年的"民族民俗民间文化博览会"上，我又一次为朵云轩斑斓多姿的作品所倾倒。

2010年，包括大型木版水印《群仙祝寿图》在内的精品将亮相上海世博会。亮相的仅仅是作品吗？我以为更是上海朵云轩百余年来对中华古国文化遗产的执著守望，是朵云轩人为弘扬传统文化默默奉献的风采。

百年守望

朵云轩走过了109个年头。

朵云轩对于优秀的传统文化守望了109年。

本篇的标题原本想用"百年孤独"，那是1982年诺贝尔文学奖获得者、哥伦比亚著名作家加西亚·马尔克斯代表作的书名。回首看百余年的风风雨雨，朵云轩在黄浦滩上踯躅独行，用"百年孤独"为篇名也并无不妥。只是笔者放眼看，北京荣宝斋、天津杨柳青等地也仍坚守着木版水印传统，近些年又闻南京十竹斋的复苏，朵云轩在全国的版图上还有同行结伴。

我不知道朵云轩是否有"店志"、"年谱"，如果有这样的一本史志，我是一定能寻觅到为木版水印艺术作出贡献的长长一串姓名。与声名显赫的吴昌硕、张大千、潘公寿、陆俨少这些在朵云轩厅堂里可以常见的大名比，一代又一代在这里从事木版水印的画人、技师、职员都会显得默默无闻，名不经传。但正是这些人与笔砚、刻刀、木板、棕耙的终生相伴，朵云轩木版水印百余年来仍在闪烁绮靡之光。

寥若晨星的老画人、老技师是朵云轩弥足珍贵的财富。

胡也佛1958年参与朵云轩筹建。一生坎坷、命运多舛的胡也佛，当时负责木版水印总设计，在朵云轩水印木刻社任构描组长。胡也佛，本名国华，字大空，自署十卉庐主，1908年生于浙江余姚，18岁时入上海美专学画，21岁进入上海商务印书馆美术编辑部，与潘思同、张令涛主编《儿童画报》，25岁入商务印书馆从事绘画工作。胡也佛一生无所师从，但笔下的仕女、人物却在国画界享有盛名，画风严谨，墨韵灵动，线条流畅委婉，富有表现力，是近代中国书画界屈指可数的高手。当年张大千见到胡也佛的仕女画后，也惊叹其笔墨线条。

凭着文人画家的艺术感悟和笔墨功夫的超然表现力，胡也佛在木版水印的总设计的岗位上当之无愧，游刃有余。1960年，重建后的"朵云轩"从上海出版学校招收了吕清华、蒋敏等一批毕业生，这批后继之才在胡也佛的亲授下脱颖而出，在以后的近半个世纪中，挑起了木版水印的大梁。当年由胡也佛亲自勾勒的仇英的《秋原猎骑图》，便是朵云轩木刻水印的早期精品。

1968年，胡也佛戴着"地主分子"的帽子从朵云轩退休。在动乱岁月中，木版水印这门古老的艺术也陪伴着一代才子胡也佛的退休而销声匿迹。十年动乱结束以后，胡也佛仍手拄拐杖来到木刻水印工作室，关注这一传统工艺的复苏。他当年的学生、1943年出生的吕清华正年富力强，承担起接薪传火的重任。

吕清华17岁就进朵云轩，1985年任编辑室副主任，长期主管业务，是当时木版水印作品的实施者和艺术水准的把握者。这一时期，朵云轩的木版水印精品迭出，光芒四射。大凡有当代木版水印的警世骇俗之作，吕清华的名字总与之密不可分，唐代名画《步辇图》、任伯年的《钟馗》，堪称复制禁区的黄宾虹泽厚华滋的山水。那套绝无仅有的古版画《明刻套色西厢记图册》，吕清华为之倾心倾力。更有为当代书画名家赞叹不已的《明徐渭杂花图卷》，迄今为止在国际上中国出版业最高奖项获得者《十竹斋书画谱》，吕清华都无一例外地参与选题、担任责编、工艺总监，并亲自参与设计绘稿，指导制作、审校……

翻阅1989年的《新民晚报》，一篇题为《隐姓埋名的守护神》，报道的正是这位把整个职业生涯奉献给了木版水印事业的专家吕清华。为了这门祖国传统艺术绝技不被湮灭，吕清华常常转侧难眠、茶饭无心，他四处奔走、呼吁求告。他为中国科学院"九五"重大科研项目《中国传统工艺全集》撰写长达三万字的专著《木刻制作工艺》；他应聘在上海大学美术学院开课，主讲中国传统木刻史；应邀在半岛艺术中心与国际友人作艺术交流，讲解中国木刻并演示技艺；他撰写《中国木刻浅述》；他的论文《〈明刻套色西厢记图册〉评述》在日本《日中艺术》发表后，获得日本同行高度评价。他把一生中长达43个年华奉献给了木版水印事业，直至退休。

刘旦宅先生曾以"耐得寂寞"四字相赠吕清华，退休后的吕清华以先师胡也佛的一支管锥，温婉写着他的人物、风景。

如今，朵云轩木版水印已被列入国家级非物质文化遗产名录，我们不应遗忘胡也佛、吕清华曾经赋予过它的美艳精致、万种风情。

朵云轩木版水印技艺的国家级代表性传承人蒋敏，和吕清华一样，毕业于上海出版学校。1957年进入这所学校后在朵云轩半工半读，学习木版水印雕版技艺，师从于书勤，得韦志荣指点。从那时起，今年这位68岁的老人已经耗去了他生命中的整整五十多个年头。

身为雕版技师，朵云轩一大批精品，如《明徐渭杂花图卷》、《萝轩变古笺谱》，都由他领衔主刻，这是蒋敏引以为傲的。

蒋敏基本功扎实，雕版技术全面，握刀如握笔，以刀代笔，"刀头具眼"。蒋敏制作"饾版"和"拱花版"的造诣极高，尤以雕制再现原稿的笔墨形态和神韵的枯笔版见长。退休的蒋敏返聘后每天工作五小时。为雕刻明末清初的小校场年画中的一片不到米粒的三分之一大小的树叶，蒋敏的老花镜脱脱戴戴，将剔空后的版型反反复复地与原稿对照。"每根头发丝都一模一样"，这是他对自己作品的要求。雕版中细微的人物须髯、竹篮藤丝细腻真切，几可乱真。

向上海世博会献礼的《群仙祝寿图》2001年开始计划，2003年启动，共有12幅木刻水印条屏，合起来就是一套完整的作品。"运用之妙，存乎刀尖。"蒋敏心无旁骛，细细雕琢，为雕制任伯年的这幅作品，蒋敏已耗费了八年心血。

木版水印分3道工序：勾描、雕版和水印。负责木版水印《群仙祝寿图》第一道工序的郑名川，竟是年仅35岁的年轻人。郑名川，1974年出生，中国美术学院毕业后来到朵云轩，已有十年，凭借扎实的国画功底和勤勉努力，他在勾描上造诣深湛，2008年被评为朵云轩木版水印技艺的上海市代表性传承人，2009年被团市委、市青年文联主办的第七届"上海文化新人"。风华正茂的郑名川已有《娟净葳蕤—中国花鸟画通鉴》等美术专著出版。

朵云轩另一位上海市级代表性传承人是水印女技师林玉晴，1954年出生，1973年进上海书画出版社，由老技师徐庆儒统一施教水印基本功，

一年后由唐凌妹带教，并得众多名师亲授。林玉晴技术全面，无论工笔还是写意、无论宣纸还是画绢、无论古代作品还是现代作品，她都能很好地表达画家的笔墨意蕴，颇获好评。作为世博献礼作品，《群仙祝寿图》的勾描和雕版均已基本完工，万事俱备，只欠水印，林玉晴胸有成竹。

有年轻人就有未来，以蒋敏为代表的木版水印传承人，对于他所从事的事业有着近乎信仰的心结，他坚信优秀的传统文化不会消亡，而自己的责任很简单：多培养一些年轻人，让这门手艺久远地传下去。目前，朵云轩仅有20余名在木版水印的岗位上，蒋敏、楼杏珍等老一辈技师专家仍在带教着年轻人。朵云轩上上下下都明白：木版水印是国家级非物质文化遗产，在谁手里消亡，谁就成了历史罪人。

两年以内，上海文艺出版集团旗下的朵云轩将上市，百年名店将以崭新的面目出现在世人面前。海派文化滋养下的朵云轩木版水印作品考究、精致、秀润的风采也必将更加绚丽灿烂。

魯庵印泥

印泥是中国的特产。一幅墨韵生动的中国书画完成以后，在恰当的位置盖上一枚红红的章印，这鲜丽的红色印记将使整幅作品产生画龙点睛般的美妙。

最好的印泥是上海的鲁庵印泥。当年吴湖帆、贺天健、陈巨来等大家用的都是鲁庵印泥。张大千离开大陆后，还托人想方设法为他从上海带鲁庵印泥去用。

1962年，张鲁庵走完了他的人生之路，生命有涯艺无涯，他创制的"鲁庵印泥"却成了永恒。

2008年6月14日，国务院公布第二批国家级非物质文化遗产，上海静安区申报的"上海鲁庵印泥"名列其中。

我把绚丽的海派文化比拟为一枚精美高雅的印章，我把传承五千年的中华文明比拟为一幅古朴悠远的山水画卷，海派文化的印章如何让山水画卷添彩，"鲁庵印泥"能或缺吗？

印泥是中国的特产。一幅墨韵生动的中国书画完成以后，在恰当的位置盖上一枚红红的章印，这鲜丽的红色印记将使整幅作品产生画龙点睛般的美妙。

中国文人对书斋及其用品大多都很讲究，大至环境、书桌、书柜，小至笔筒、砚墨，甚至一张纸、一支笔、一方印章。

对印泥也不例外。

关于印泥

几年前的一日，我在外，恰遇一位熟悉的书家。他给我写了一条字幅，却没带印章，说是下次来嘉定时给我补上。不久，他果然来了，也果然带来了印章。我找出一小铁盒，上有"中国印泥"四个字，递给他。他睨了一眼，大笑，说这是单位财务科用的，不行不行。我翻箱倒柜，终于找到友人相赠的漳州八宝印泥一盒，那木盒外包装上标有"特级贡品"的字样。他看了看，说可以。

书家在条幅上盖过印章后，那飘逸的笔墨果然平添了几分生气。稍后，他给我上关于印泥的普及课，说最好的印泥是上海的鲁庵印泥。当年吴湖帆、贺天健、陈巨来等大家用的都是鲁庵印泥。张大千离开大陆后，还托人想方设法为他从上海带鲁庵印泥去用。

我第一回听说鲁庵印泥，也第一回知道印泥的诸多名堂。

早在春秋战国时期，我国已使用印泥。那时的印泥是用黏土制的，平时如一颗泥丸，临用时用水浸湿。当时的公文和书信是写在竹简木牍上的，为了防止泄密或传递过程中的私拆，写好后在简牍外面加上一块挖有方槽的木块，用绳子把它们捆在一起，再把绳结放入方槽内，用一丸湿泥

封泥

清末小说家刘鹗

封上,再用印章钤上印记,作为封检的标记。这种泥丸称为封泥。清末小说家刘鹗(1857—1909)就有收藏封泥的爱好,由他编辑的《铁云藏陶》收录其古封泥752块。

印泥的这种功能一直延续到魏晋。隋唐以后,造纸业的迅速发展使公文和书信改用纸张。竹简木牍的废止,致使用泥封信的做法也就此结束。人们改用水调组朱砂于印面,印在纸上,这就是印泥的雏形。

用水和朱砂合成的"水朱"印泥,印章刚盖上时色泽犹可,但时间一长,水分蒸发,朱色便纷纷脱落。人们一直思考着如何改进,直至油调朱砂印泥诞生。

油调朱砂印泥的出现,应不晚于明代中期。明代文人顾从德(1519—1587)编于1572年的《集古印谱》,存玉印150枚、铜印1 600枚,其钤印使用的油调朱砂印泥就是例证。从印泥制作者方面,有史可考的是清朝的漳州人魏长安,他于清康熙十二年研制成"八宝印泥"名闻天下。魏长安原来开中药铺,所制"八宝膏药"治疗疮疖十分有效。魏长安也是画家。有一次,他作画后,打算钤印,可找不到印泥,情急之下便用又红又黏的膏药原料代替,没想到钤印竟鲜艳异常。消息传开后,书画篆刻家们纷纷求购。魏长安索性做起了印泥生意,并打出了"八宝印泥"的招牌。

印泥的品种很多,红色的一般分朱砂、朱磦、广磦等。朱砂印泥色深紫红,人称紫红砂,由漂制时沉淀在最下层的朱砂制成,鲜红带紫,厚重沉着,最为美观。朱磦印泥略现红黄色,比较清雅,由漂制时较上层的朱砂细未与艾丝、油等调制而成。朱砂或朱磦以厚亮细腻、色彩鲜明沉着者为上品。此处还有深褐色的仿古印泥和黑色、蓝色、绿色等印泥,一般较少用。

印泥的质量优劣,直接影响到印章艺术所表达的效果。篆刻钤印或书画上用的印泥,决非是一般文具店所售办公用印泥。好的印泥,红而不燥,沉静雅致,细腻厚重,钤在书画上则色彩鲜美而沉着,有立体感。时间愈久，色泽愈艳。质地差的印泥，钤印出来则显得色泽灰暗或浅薄，有的油迹浸出，使印文模糊。

上海、杭州、漳州、苏州都产有质量上好的印泥。

漳州"八宝印泥"创制至今已有300多年历史，曾在巴拿马国际博览会上展出，获特等奖，之后声誉鹊起，东南亚华侨团体纷纷以"国货之光"、"驰誉神州"、"金石生辉"等美誉赞颂备之。1917年，孙中山为"八宝印泥"挥毫题赠"品重珍珠"四字，使八宝印泥身价倍增。

杭州西泠印泥创制于光绪二十九年（1903年），在其后的近百年间，多种"西泠印泥"不断创制问世，较有名的为"潜泉印泥"。"潜泉印泥"创制人吴隐，号潜泉，浙江绍兴人，西泠印社创始人之一。吴隐工书画，擅篆刻，精鉴藏，曾先后汇编《西泠八家印谱》、《秦汉古铜印谱》等，吴隐与

* 漳州八宝印泥

* 潜泉印泥

235

* 上海鲁庵印泥被列为国家级非物质文化遗产

夫人孙织云同精于制作印泥，1904年在吴昌硕的鼓励下，吴隐夫妇在上海创办了一家主要生产印泥的企业，亦名西泠印社，并研制出"潜泉印泥"。吴昌硕对潜泉印泥极为赞赏，亲自为其书写招牌，并为印泥的第一个品种改进配方，选定深玫瑰的色泽，命名为"美丽朱砂印泥"。吴昌硕还把自己的得意印作用潜泉印泥钤拓成《缶庐印存》，以示重视。

"上海鲁庵印泥"因创始人张鲁庵为西泠印社早期成员，一度也被归入"西泠"旗下。

2008年6月14日，国务院公布第二批国家级非物质文化遗产，"上海鲁庵印泥"和漳州"八宝印泥"榜上有名。

* 上海鲁庵印泥

张鲁庵其人

张鲁庵（1901—1962），字咀英，西泠印社社员。

无独有偶，与漳州魏长安一样，"鲁庵印泥"的创始者居然也是中药铺的老板。

＊张鲁庵

杭州有一家张同泰国药号，创办于清嘉庆十年（1805年），创始人张梅，浙江慈溪人。张鲁庵是张梅的五世孙。由于祖辈的长袖善舞，1910年张鲁庵继承祖业时，张同泰国药号已经营得如日中天，与胡庆余等同为杭城六大国药铺。作为富家弟子的张鲁庵此时却更有志于诗文篆刻，27岁那年，他受业于赵叔孺，在继承传统的篆刻艺术中，对邓石如情有独钟，以重金购得邓氏燕翼堂印章，宠之备至。

张鲁庵嗜好历代名家印章、印谱，倾力广收博集，积有各家印章有四千余方、印谱四百余家，可谓集印章印谱之大成，几乎无人可与之抗衡。他收藏的印章中有罕见的何雪渔印章20方，张鲁庵特拓为专集；另有所藏"放情诗酒"一印，是杭州著名金石收藏大家魏稼孙旧物，堪称珍贵。张鲁庵所藏印谱极为丰富，其中不乏明版善本，最珍贵的有《十钟山房印举》百册拓本，明万历年间的《范氏集古印谱》、《松谈阁印史》，隆庆年间的《顾氏集古印谱》等。浙江大学人文学院副院长陈振濂教授在著作《中国印谱史图典》中对张鲁庵的印谱收藏作了很高评价，称"张鲁庵是印谱收藏的里程碑。"

张鲁庵的篆刻风格工秀隽雅，有《仿邓完白山人印谱》、《鲁庵印谱》等多种印谱传世，另辑有《秦汉小私印选》、《寄嵝山人印存》、《横云山氏印聚》、《金罍印摭》、《钟矞中印存》等。他与余杭褚德彝之子保衡曾辑《松窗遗印》两册，收集礼堂遗印百方，以精工拓印仅40部，获得者如获珍宝。

张鲁庵钟情篆刻。上世纪五十年代，我国唯一的印学团体——西泠印社停止活动期间，他居住的上海余姚路134弄6号，经常高朋满座，俨然一个金石篆刻家聚会的沙龙。张鲁庵历来好客，家里人少、住房宽敞，尤其是他所收藏的四百余种珍贵原拓印谱，以及大量的篆刻资料，使众多原西泠印社社员和金石篆刻家慕名来访，而鲁庵从不吝啬提供所需者阅读抄写。张家成了研究金石篆刻者的好去处，聚集了中国篆刻艺术的精英。1955年秋，几经酝酿，"中国金石篆刻研究社筹备会"成立，张鲁庵的居所

* 中国金石篆刻研究社

成了中国金石篆刻研究社的所在地。筹备委员由马公愚、陈巨来、钱瘦铁、钱君匋、叶露园、王个簃、来楚生、高式熊等组成，王福厂为主任，马公愚、钱瘦铁为副主任，张鲁庵为秘书长。

1959年，张鲁庵58岁。是年秋，西泠印社为筹办古代书画展览，委派韩登安、王树勋来上海与张鲁庵见面。历尽沧桑的张鲁庵，体态虚弱，面容清瘦，却思绪敏捷。对于传承弘扬民族文化，以及中国书道、篆刻在日本兴起等话题，他感触良多，壮心不已之情每每溢于言表。他非常希望西泠印社恢复活动，为振兴中国传统的印学艺术，负起时代的重任。当双方谈及西泠印社商借、收集历代金石书画，为展览提供实物时，张鲁庵当即表示身后他的收藏全归西泠印社。

1962年4月，张鲁庵在上海寓所病逝，其家属按照他生前遗嘱于1962年10月9日邀请西泠印社派员接收遗捐，将他所藏的秦汉铜印、历代名家刻印1525方和历代印谱493部，其中明代精拓、孤本、善本200余册，悉数捐赠给国家，藏于西泠印社。这一年的12月下旬，《人民日报》及浙江、上海等地报纸相继登载了这一消息。这是西泠印社自创始以来，接受最丰富、最珍贵的文化遗产之一。西泠印社为了感念张鲁庵的无私奉献，特辟专室保存，并沿称其斋名，命该室为"望云草堂"。曾任西泠印社社长、浙江图书馆馆长的张宗祥先生为其书额题跋，以示永志。

张鲁庵的生命历程只有62年，但他留在西子湖畔西泠印社的珍贵遗赠让世人久远地记住了他的名字以及他的"望云草堂"。

鲁庵印泥八十年

有了印泥钤盖，篆刻作品才能显现其艺术水准。因此，几乎所有的书画篆刻家对自己所用印泥的要求都很高。印泥必须软硬适度，所钤印面字口必须清晰饱满、厚实凝重、鲜艳夺目。许多书画篆刻家为让其作品达到他所期望的境界，曾自制印泥，如吴隐、吴振平、邓散木等。精于篆刻的张鲁庵亦然。吴振平、邓散木等书画篆刻家的印泥制作经验没能留传下来，影响也不大。张鲁庵的"鲁庵印泥"制作工艺却系统完整地留传了下来，并成为弥足珍贵的非物质文化遗产。

张鲁庵致力于印泥的研制，迄今已八十年。

"鲁庵印泥"问世之前，福建漳州印泥风行市场。漳州魏丽华斋的印泥更是声名远播，但造泥的秘方深藏不露。张鲁庵年轻时在宁波自制过印泥，因为缺乏经验，没有成功。上世纪二十年代末、三十年代初，张鲁庵因慕名书画大师赵叔孺，到上海开设益元参行，并执贽投于赵氏门下，与陈巨来、方介戡、徐邦达等同为赵叔孺的入室弟子。

到上海后，张鲁庵对研制印泥仍情有所钟，痴心不改。他费时十多年，从漳州买来几十两印泥，分别分析它们的颜料、油份、艾绒和药料成分，他耗巨资从国外进口设备，聘请复旦大学化学、物理专家陈灵生教授，把史籍中记载的印泥制作方法逐一进行科学的分析研究，获得了大量数据。在研究中，他发现并纠正了许多误传的东西。比如漳州魏长安创制的"八宝印泥"，他按照传说中的"八宝"配方，即：珍珠、玛瑙、琥珀、珊

* 张鲁庵研制的印泥

瑚、红宝石、金箔、银箔、朱砂，耗时数月反复试制，结果发现并不像宣传中所称的那样有明亮感、凸起感，时间一长反而发黑，他认为这是银箔氧化所致。而其中的红宝石由于坚硬，根本无法研磨。最后，他得出结论：所谓"八宝"，只是幌子。

当年漳州"八宝印泥"问世时，价格昂贵，有"一两印泥一两黄金"之说。因此，魏长安对印泥的配方严格保密，传子不传女。所谓的"八宝"不过是生意场上的宣传广告，其配方也只是不明真相的外人根据其名称而望文生义的无端揣测。

实践出真知，经过试验，张鲁庵认定"八宝印泥"中并没有琥珀、玛瑙之类的成分。此外，他还否定了古方中所说的"蓖麻油日久会发黑"、"芝麻油、茶子油日久泛黄"，并对古方中要添加某些中药的说法表示怀疑，认为并无实际作用。

从1930年到1948年，张鲁庵进行了数百次试验，反复研究朱砂、蓖麻油、艾绒三种印泥主要原料的质量标准和最佳配制比例。他琢磨相关辅料的合理添加和加工要求，他以手工研硃、搓艾、制油，道道工序十分严密严格。他把试验中五十余次比较成功的配方和加工方法作了详细记录，然后一再比较，进一步完善方案。他的执著和一丝不苟使他终于制成了三种鲁庵印泥：朱砂印泥、朱磦印泥、和合印泥。

"鲁庵印泥"的发展与海派书画家密切相关。它的整个制作过程由手工操作和自然氧化形成，制作配方达五十余种，可以根据不同用途制作不同印泥，独特的制作技艺不仅使印文不走样，还可以使纸上印章永不褪色。不渗油，不跑色，色彩鲜艳沉着，印迹清晰，质地细腻，有堆积的厚实感，热天不烂，寒天不硬，钤出的印文清晰传神……这些特点使众多的篆刻艺术家对它偏爱有加。吴湖帆、刘海粟、唐云、朱屺瞻、王福厂、王个簃、来楚生、陈巨来、钱君匋、贺天健等大家，用的都是鲁庵印泥。

"鲁庵印泥"由此驰名艺林,获得者奉为至宝。

"鲁庵印泥"的卓然不凡,独树一帜,与当时北京徐正庵,有"南张北徐"之雅誉。

1955年,中国金石篆刻研究社在上海成立,一百四十余位社员多为著名篆刻家,张鲁庵任秘书长,符骥良任秘书助理,符骥良比张鲁庵年幼25岁,当时才三十左右,在名家云集的篆刻家中算是年轻人。符骥良精于书法、篆刻,还长于钤拓,因此深知印泥的重要。金石篆刻研究社成立时,为研制印泥劳累多年的张鲁庵已病体在身,他的孱弱使自己很难独立制作印泥,遇有人求索,他总是委托符骥良握杵代劳。期间,他把自己几十年摸索出的制作秘诀及复杂工艺——传授,后来更把那53张秘而不宣的配

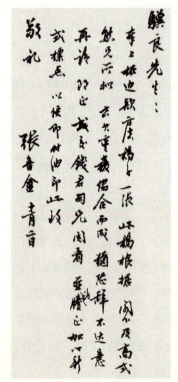

* 张鲁庵给符骥良的信

方奉献出来,让符骥良成了鲁庵印泥的传承人之一。

1962年,张鲁庵走完了他的人生之路,生命有涯艺无涯,他创制的"鲁庵印泥"却成了永恒。

鲁庵印泥的传承

张鲁庵去世后,会制作鲁庵印泥的人就寥寥无几了。从上海静安区申报"鲁庵印泥"为非物质文化遗产的材料中,我们看到的代表性传承人仅两位,88岁的高式熊和83岁的符骥良。

高式熊,1921年生,浙江鄞县人。中国书协会员、西泠印社副秘书长、上海市书协顾问、上海市文史研究馆馆员。其父高振霄是晚清翰林太史、新中国上海市第一批文史研究馆馆员、著名书法家。高式熊自幼耳闻目染,书法得到父亲亲授,以后又获海上名家赵叔孺、王福庵指导,擅篆刻及印学鉴定,对历代印谱、印人流派极有研究。其书法楷、行、篆、隶兼长,端雅大方,清逸洒脱,尤以小篆最为精妙,与篆刻并称双美。著有《西泠印社同人印传》、《高式熊印稿》等专著。

* 高式熊

高式熊1942年与张鲁庵相识，因意趣相投，又同是西泠印社干将，两人很快成了挚友。1955年，中国金石篆刻研究社成立后，彼此交往更为密切。张鲁庵研制的印泥深为高振霄、高式熊父子所爱。因为张鲁庵的印泥从来不卖，而高式熊又不想一直靠张鲁庵无偿赠送，便向他学制作技艺。张鲁庵满心喜欢地示范他如何配方、制作。渐渐地，油怎么做，艾绒怎么选，高式熊全掌握了。

高式熊至今藏有自己十几年前制的鲁庵印泥，他说"鲁庵印泥的工艺性和技术性极高，用的艾绒、油、朱砂特别讲究。要用专门的艾草，去掉叶绿素后只用里面的纤维，现在已很难找到这样的艾绒了。用作颜料的朱砂也要经过研碎、水漂、磨粉等多道工序。"看到有些书画家在作品上钤印时所用印泥很随意，高式熊很难理解，这些书画家也许不懂好的印泥能为作品"锦上添花"，也许是他们无法觅到"鲁庵印泥"。

曾几何时，高式熊为"鲁庵印泥"的几近失传而深感惋惜。前些年，耄耋老人怀揣鲁庵印泥的配方，跑过很多地方，想捐出秘方，却都不以为然。这让高式熊着实伤心了好一阵子。得知静安区将"鲁庵印泥"作为非物质文化遗产向上海市、向国务院申报，老人高兴得赶紧捐出珍藏配方。据悉，在申报时，北京专家了解到鲁庵印泥制作工艺的全部过程后，惊喜地表示："这象征了海派文化的一个创作形态。难能可贵的是，制作鲁庵印泥的见证人，深藏着当年制作的秘方，体现了传承脉络的完整性。"静安区文史馆成立了"鲁庵印泥研究室"，高式熊满心欣慰："今后鲁庵印泥有了研究和再发展的基地，海派文化会有好的发展前景，我的心就定了。"

高式熊有一幅书法作品专讲鲁庵印泥的："……老友张鲁庵氏更别开生面，不惜巨资根据历代行家之记载，用科学方法全面进行定性定量分析，取其精华反复研制，毕一生精力于此道，所制鲁庵印泥名驰艺林，价如金玉，得者奉为至宝。符骥良氏与张氏艺交至密，张氏晚年多病，彼常为其握杵代劳，以应艺术家之求，故尽得鲁庵印泥之秘……"高式熊的书写不仅概括了"鲁庵印泥"，并且向我们推介了"鲁庵印泥"的另一重要传人：符骥良。

符骥良，1926年出生于江阴，迁居沪上后，结识了书画篆刻名家唐云、钱瘦铁、来楚生、苏渊雷等，沉酣于翰墨金石之间，拜田叔达为师，印从黄牧甫及赵之谦。1955年，在田叔达等推荐下，参加"中国金石书法篆刻研究社"。今年八十开外的符骥良当时还是个年轻人，初识张鲁庵那天，鲁庵命其刻一方"中国金石篆刻研究社"便章，符骥良欣然从命，鲁庵见后颇为赞赏。

符骥良视张鲁庵为亦师亦友的知己。其时，"鲁庵印泥"声名远播，全国各地著名的书画篆刻家纷纷求索。张鲁庵患有糖尿病、肺结核等疾，为众多书画家服务已力不从心。为此，张鲁庵将其研制的印泥配方、技法全都传授给了符骥良，由符骥良掌杵代制。

符骥良很有悟性,得到"鲁庵印泥"秘方后他悉心研究、分析,很有心得,并作了改进。张鲁庵逝世后,很多喜用鲁庵印泥的书画篆刻家转向符氏索求。"文革"期间,远在海外的张大千委托澳大利亚驻沪领事馆的一位秘书前来索印泥,张大千用后又托人再取,称其为"骥良印泥";来楚生用后,赠其"骥良印泥"印章一方及书画折扇一柄;唐云、高式熊为其书写了赞语,用高式熊在赞语中的话,称"符制鲁庵印泥"。上海市博物馆复制宋、元时代的绢本书画,采购了多种印泥,可就是印色打不上,很难落印,无奈之下上博求助于他,他为之特制了四两。上博用后来电称:"太好了,谢谢!"

符骥良所制印泥坚持了"鲁庵印泥"的高品质:颜色艳丽,历久不变;遮盖率高,连钤数十次,印文不走样;经三、四个月不使用,泥质不发生油浮沉;气温4℃—30℃,泥质稠度变化小;泥质细腻,有光泽、富弹性;不霉变、不硬结、无渗红。这六个标准在符骥良看来,既相互关联又有所区别,看似简单,要使其统一协调却很微妙。

符骥良从艺几十年,多才多艺,或书或刻或制泥,硕果累累,卓有建树。

符骥良著有《篆刻器用常识》、刻有《雪之印存》,出版《骥良印存》

等。一本《骥良印存》，翻开后，呈现在眼前的，大印气势雄伟，小印精巧细致，有刀如笔，刀法纹理清晰，变化多姿。

符骥良擅书篆隶，篆书苍茫如老藤虬枝，隶书气息温秀而潇洒。

钤拓堪称是符骥良的绝技，《赵之谦印集》、《吴昌硕印集》、《黄牧甫印谱》、《君印存》、《西泠胜迹印谱》、《玄隐庐印录》、《钱刻朱屺瞻印存》、《无倦苦斋印存》等几十部印谱，体现了他钤拓手艺的精湛。

他的"符制鲁庵印泥"更是得张氏真传，名扬海内外。国内书法大家沈鹏、日本篆刻家松苍用了"符制鲁庵印泥"都赞不绝口。

* "鲁庵印泥"制作点

"你要忍受它的艰巨付出，才会懂得享受它的灿烂成果。"这是符骥良艺术感悟。从师从张鲁庵学制印泥之日起，符骥良为"鲁庵印泥"的流传"艰巨付出"半个世纪，如今看到"符制鲁庵印泥"香飘万里的"灿烂成果"，他心中的滋味是别人很难体会的。

高式熊、符骥良都已垂垂老矣，作为国家非物质文化遗产的"鲁庵印泥"的制作技艺是否后继有人，是否能薪火相传，世人把关注的目光投向上海市静安区。面临"鲁庵印泥"的制作技艺可能失传的危险，上海静安区文史馆馆长杨继光在与笔者的言谈中表示文化单位将采取措施，加大对这项文化遗产的保护力度。静安区已对"鲁庵印泥"制定了相应的保护抢救规划，成立鲁庵印泥研究室，开办可供参观的鲁庵印泥陈列馆，进行制作技艺的培训，开办相关讲座等等，尤为重要的是静安区将成立"鲁庵印泥"制作点，坚持手工制作、品质至上，培养更多的年轻接班人。上海静安不想让国宝级的"鲁庵印泥"在他们的版图上消失。

我把绚丽的海派文化比拟为一枚精美高雅的印章，我把传承五千年的中华文明比拟为一幅古朴悠远的山水画卷，海派文化的印章如何让古老中国的山水画卷添彩，"鲁庵印泥"能或缺吗？

海派艺术的窑火

本应让我们引以为傲的当代中国瓷器，曾几何时，有的竟沦落街头，在打折、削价的吆喝声中蓬头垢面。目睹此情此景，出生在青浦崧泽的一个农民的儿子于心不甘，他要用瓷土和窑火来延续中华美瓷的辉煌。

罗敬频选择在上海烧窑制陶原因多多，其中主要的一条就是他身上的崧泽文化基因。

申窑，是崧泽文化的延伸；申窑，更是福泉山孩子罗敬频的归宿。

申窑的每一件作品都融入了海派文人的独特思维与创意。申窑在艺术上的原创性荟萃了海派文化，同时也让申窑的作品一下子走在了中国当代瓷器的前列。

一位领导说：申窑成了上海文化产业的一道风景线。

罗敬频说：那么我就尽情地在风景里为上海歌唱。

2005年2月18日。上海江桥。一个乡镇的会议中心。

并不奢华的会场，这天花团锦簇，名流云集。作家、画家、瓷艺家、收藏家和地方政要济济一堂。宾客在洁白的瓷板上相继签到。

我赶到的时候，瓷板上已留下众多沪上名家的笔痕。

不一会儿，一队法国客人鱼贯而入。他们是法国总统顾问、法国国会议员和政府官员。为向上海申窑的创始人罗敬频颁发"法兰西共和国荣誉勋章—中法文化交流年特别奖"，他们不远万里，专程来到这里。

当法国国会议员哈乌先生把巴金、马承源曾经获得过的勋章授予罗敬频时，这位年轻人诚惶诚恐、激动万分……

从"CHINA"说起

　　CHINA，是中国的英文名字；CHINA，本意又是瓷器；可见瓷器与中华古国的缘分。

　　中国与陶瓷的这种缘分，最早可以追溯到在八千年前。大地湾文化的彩陶揭开了华夏文明的历史。我们的祖先在制陶工艺发展的基础上，于三千多年前的商代中期，创造了原始瓷器。

　　经过长期的改进，在公元二世纪的汉代末期，我国已烧制出成熟的青瓷。浙江省上虞县面官镇出土的东汉时期青釉水波纹四系罐，器表施青黄色釉，光泽度强，胎质吸水性低，透光性好，胎釉结合紧密。器底未施釉，露出的瓷胎证明它已具有瓷器的特征。从各方面看，此罐都已达到真正瓷器的标准，是中国最早的青瓷产品。东汉中晚期，浙江上虞曹娥江中游地区出现的全新青瓷，开创了中国陶瓷的新纪元。

* 汉青釉双耳罐

唐代瓷器的制作已高度成熟。至宋代，名瓷名窑遍及大半个中国，风靡当时的五大名窑：钧窑、哥窑、官窑、汝窑和定窑书写着瓷业空前繁荣。元代，被称为瓷都的江西景德镇出产的青花瓷釉质透明如水，胎体质薄轻巧，洁白的瓷体上饰以蓝色纹案，清新素雅，充满生机，成为中华瓷器的象征。明清时代从制坯、装饰、施釉到烧成，技术上又都超过前代；清康熙雍正乾隆盛世的美瓷华贵雍雅，更是被今人赞叹不已。

中国瓷器从唐代起就在世界各国传播，从朝鲜、日本、东南亚和阿拉伯的许多地区的出土文物中，我们都可看到当年越窑青瓷和邢窑白瓷所折射出的大唐风范。至宋代，由于海运发达，在通往亚非交通线的主要地区，都有中国青瓷和青白瓷。宋代学者赵汝适（1170—1231）的《诸蕃志》，记载了近20个国家与中国交易瓷器。元代对外贸易进一步扩大，景德镇的青花瓷器出口，受到各国广泛的欢迎。明代郑和(1371—1435)下西洋时，中国瓷器沿线备受青睐。曾任翻译官，随三宝太监郑和四次下西洋的江苏昆山人费信在《星槎胜览》中记述，有20余国与郑和的船队进行瓷器交易。十六世纪，阿拉伯、葡萄牙、荷兰等国商人多次来中国贩运瓷器。中国瓷器风靡欧亚大陆。

中国制瓷技术最早传播到朝鲜和日本。朝鲜在十世纪初已在仿制越窑、汝窑青瓷，日本在南宋和明初都曾派人来中国学习制瓷。十一世纪中国制瓷技术传到波斯，又从波斯传到阿拉伯，十五世纪传到意大利及欧洲其他各国，当时中亚和欧洲所制瓷器明显具有中华遗风。

瓷器以及制瓷技术由中国传播到世界各国。"瓷之国"成了中国的美称。

笔者一直以为中国瓷器的美是与中华大地的山山水水以及中华儿女所创造的唐诗宋词、书画篆刻、京昆弹唱、明清家具的美是一脉相承的。世人对这种美的喜爱，使中国古代名窑的瓷品屡屡在今天的国际拍卖会上艳惊四座，创出拍价的新高。香港同胞张永珍以4 150万港币在苏富比拍卖行竞拍获得的雍正粉彩蝠桃纹橄榄瓶那华美的造型和绚丽色彩至今仍被传为美谈。

在中华精品古瓷被海内外藏家竞相追捧的同时，本应让我们引以为傲的当代中国瓷器，曾几何时，有的竟沦落街头，在打折、削价的吆喝声中蓬头垢面。新贵们一说到精美的艺术瓷、昂贵的生活用瓷，都把目光投向东邻日本，甚至更遥远的欧洲。目睹此情此景，出生在青浦崧泽的一个农民的儿子于心不甘，一次与画友的景德镇之旅，让他萌发奇想，他要用瓷土和窑火来延续中华美瓷的辉煌。

他就是本文开头的从法国国会议员哈乌手中接受"法兰西共和国荣誉勋章"的罗敬频。

崧泽文化的基因

翻阅上海的历史，并没有任何陶瓷产业的记载。罗敬频选择在上海烧窑制陶原因多多,其中主要的一条就是他身上的崧泽文化基因。

阐述罗敬频的这种文化基因,笔者似乎不用化太多的文字。罗敬频在一次次接受记者采访时已经说得够多,请听他的自白:

"我出生于1965年,是青浦崧泽村人,父母都是农民。但我似乎有一份与生俱来的对线条和色彩的敏感,从小就爱画画,后来拜吴颐人等书画篆刻家为师,打下了扎实的基本功。但那时候家庭经济条件不好,为了买一本印坛巨擘陈巨来先生的印谱,我曾向三个同学借钱。平时还经常省下买饭菜票的钱去买印石,刻印首先得有材料啊。师范学校毕业后,我先在青浦教书,放下教鞭回到办公室就拿起刻刀,凑在灯下刻啊刻啊,刻得满手血泡,两眼通红。我可以毫不谦虚地说,我治印作画,在上世纪80年代是颇获圈内佳评的。1988年,我转入青浦画院,成了一名专业画师。从事纯粹的艺术劳动,是我从小树立的理想。

"在商品经济大潮的冲击下,我悟出一个道理,当今的文化人如果没有经济实力的支撑,有许多事都办不成,艺术探索也处处受掣。于是我用父母给我办婚事的3万元注册了一家公司,赶在市场经济大潮的浪头一头扎下了海。

"这一步我踏准了,从事房地产多年,掘到了第一桶金。有了钱,我马上不安分了,转身'杀'回艺坛,成立了一个思维文化艺术发展有限公司。一个偶然的机会,我与俞晓夫、黄阿忠等画家一起到瓷都景德镇烧窑,眼看瓷器烧成后,上面清晰地留下一道道笔触,我凭着敏锐的判断力,就知道这些陶艺票友的水平已经超过景德镇的一些所谓大师,为中国的陶瓷艺术走向当代,走向世界开辟着一条新路。

"我是崧泽人,故乡是中国崧泽文化的发源地,在我的生命基因中,也许充满了火与土的生命信息,现在它遇到一个机会,就要释放了。

"从景德镇回来,我看到了中国陶瓷业的辉煌过去:唐代的雍容浑厚、宋代的高洁精致、元代的粗犷拙实、明代的婉约妩媚和清代的极致绚烂。但同时我也看到了中国陶瓷业的寂寞现在,似乎在等待一个大师的到来,使其达到更高的境界。

"景德镇离上海毕竟太远,何不在上海自己办一个窑呢,这样艺术家们画瓷就容易多了。到了2001年初,我在江桥工业园区内租了一个占地1000平方米的车间,投资建起了一个陶瓷作坊,命名为申窑。"

罗敬频在2005年一篇题为《窑变中的人生感悟》说得更直白:"崧泽文化遗址出土的灰陶器和彩绘陶器都在证明,六千年前的上海先祖有着丰富的想象力和高超的制陶能力。我相信,我和成千上万的上海人都继承了这一神秘的文化基因。……我想用瓷土和窑火来延续福泉山的文化血脉,并证明自己对故乡的那份赤子之爱永远不会改变。"

著名文博评论家陈鹏举是罗敬频的朋友,申窑问世以来他一直深切地关注着,他对罗敬频的理解也比常人更深透。他在《曾经是菜农》中也阐述了罗敬频这种天然的崧泽文化情结:"……海上新瓷等待了四年,大家发现要等待的那个人,是罗敬频。……他是青浦崧泽村边人。正因为他的生地,他预见到了相距六千年的崧泽古陶和海上新瓷,历史性衔接的可能性。"鹏举在《申窑五年》中又进而阐述:罗敬频"就出生在福泉山下,就是这个缘故吧,他对开启申窑的决心,和对申窑未来的洞察,有一种天生的举重若轻。他的成功,申窑的成功,五年之后,回头看看,确有天意。试想一下,罗敬频如不是福泉山的孩子,他内心的滞重,甚至惊恐,可能要大得多。"

申窑,是崧泽文化的延伸;申窑,更是福泉山孩子罗敬频的归宿。

荟萃海派文化

在景德镇，几位海派书画名家在瓷坯上作画，然后望着自己的作品被推入窑炉。历经一千多度的熊熊烈火的洗礼，原先的瓷坯白得晶莹如玉，而自己在白瓷上的涂抹则美艳照人，容光焕发。眼看"白胎烧就彩虹来，五色成窑画作开"，在场的画家无不"抚盏捧瓷喜欲狂"。

目睹此情此景，同行的罗敬频产生了在上海创办一个瓷窑的想法，他想让以吴昌硕缔造的海派书画在与中华国粹瓷器的互为交融，开创中国瓷艺的新境地。

　　罗敬频是睿智的。历来的工艺美术一旦离开文化，则多沦为匠人之作；反之，由于文人和文化的加入，工艺美术作品就立刻不同凡俗，光彩四溢。

　　比如瓷器，近代景德镇"珠山八友"的作品之所以被推崇，主要原因就在于王琦、王大凡、邓碧珊、汪野亭、刘雨岑、程意亭等人善诗能画，八位名家最初组成的"月圆会"就是以吟诗作画为宗旨。文人画与瓷艺完美结合的"珠山八友"，成就了景德镇陶瓷艺术史上的一个里程碑。

　　又如宜兴紫砂，紫砂名家从明清的时大彬、陈鸣远、陈曼生到现当代的顾景舟等大师都注重与文人的交往，从而使清赏雅玩的中国陶瓷文化精神得到了充分体现。据记载,仅明清两代,直接和间接参与的就有董其昌、陈继儒、唐寅、文震亨、郑板桥、许次纾、张之洞、吴昌硕、任伯年等大家。现当代吴湖帆、江寒汀、唐云、程十发等海派文人的加盟,更是使宜兴紫砂"壶随字画贵",平添十分书卷气、金石味,诗意流淌,雅韵四溢。

很早就钟情于书画篆刻艺术的罗敬频深谙此道,文化必将加深瓷窑的内涵。

他把目光投向一起在景德镇玩瓷作画的俞晓夫、黄阿忠等海上名家身上。回到上海后,他接手了一家濒临倒闭的小陶窑,不顾家人反对,舍弃正在经营的房地产业,先后将数百万的资金投入在取名"申窑"的瓷器艺术上。他想将画家的笔墨神韵与造型古朴的瓷器完美结合,与俞晓夫、黄阿忠、马小娟、石禅等画家签约,把现代画家与陶瓷艺术之间的关系由一个纯粹的审美活动,向现代产业化方向转变。"申窑"有了自己的签约画家,便与其他陶瓷作坊有了最大的区别。瓷器艺术也因此增添诱人的魅力。申窑为这些画家提供了施展才华的新天地,这些在绘画领域卓有建树的艺术家,为申窑的瓷绘艺术开始倾注自己的心血。

俞晓夫的名字,我在三十多年前就知道,当年像他这样的年轻画家是像我这样的年轻小说家的插图作者。时过境迁,俞晓夫们已与那时不可同日而语。有一次赵丽宏一行来嘉定,向我介绍俞晓夫时,都说他是油画界的"南霸天"。"南"是指上海、海派,我国长江以南;"霸天"就指他在南派油画界的地位。士别三日,当刮目相看;士别三十余年,更是不同凡响。这样一位极有艺术造诣的油画家,在瓷器上塑造漫画人物时,有时用笔画,有时用线刻,线条流畅自由,形象妙趣横生,其间又以抽象的点、面,釉色晕化,浑然一体。我在申窑展厅见过他的一件边缘被掰成不规则的锯齿状的方形瓷板,画面与釉色的巧妙安排,使其中欧洲古典贵族的华丽和现代意味交融一体,趣味盎然。他的釉下彩的青花同样令人拍案叫绝。

笔者收藏了晓夫画的一个青花瓶，他将大文豪鲁迅在北平的寒风中凛立与天津相声大家马三立组合，体现了油画家的丰富想象。

　　黄阿忠也是我的朋友，我一直以为他的色彩感极好。除油画外，他也是中国画的高手，毛时安曾将阿忠兼擅油画、国画誉为"一个人的两重唱"。阿忠在中国画上的色彩、墨韵的感觉似乎更胜于他的线条。阿忠的这种"好色"，使他在绘瓷时得心应手。为肆意挥洒，阿忠绘瓷以大件居多。有一回，他来电邀我去申窑看画瓷，我故意以"花"为主题让他画瓷杯小件，谁知他很从容自得，每完成一件，便得意地瞅着我："怎么样？啥叫画家？"我知道他善于色彩，画花尤擅荷花，又故意让他画很难以色表现的雪梅。他用笔略略勾勒几下就大功告成。这家伙充分利用瓷胚出窑后的那种晶莹剔透的"白"，有了这等"白"，他还要什么别的色彩？出窑那天，我赶到现场，二十多个各种花卉的瓷杯犹如春光下的百花园。尤让我喜爱的就是那对"雪梅"。阿忠画瓷的另一主题是水乡江南，这是生于崇明的阿忠永远抹不掉的思乡情结。毛时安说："阿忠的油画有着西洋十四行诗的华丽气度。而他的国画更像中国的古典诗词。"缤纷的心情造

＊俞晓夫在申窑画瓷

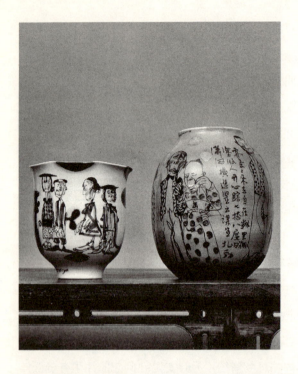

* 俞晓夫作品

* 俞晓夫作品《鲁迅》

就了阿忠在瓷画艺术上的缤纷灿烂、诗意盎然。

　　石禅是一个渔民的儿子，而开埠之前的上海，本是个小渔村。因此石禅的画就像一张渔网，那种线条处处美意流淌。"莲荷、石榴、春兰、秋菊，四时花草在他的笔下临风而动；鱼、雁、鹭鸶、鸡雀，百类生灵在他的墨韵里遨游翔舞"（**赵丽宏语**）。石禅在绘瓷中既有传统国画的韵味，又有"海派"的浓重气息。石禅吸取了沪上多名画家的意蕴，又从瓷器的特点出发，形成他自己的独特个性。他将绘画与瓷器的形体结合得很完美。他根据器形构图，展示的空间却延伸至瓷器的各个部位，疏密有致，浑然天成。石禅与我同有对明清家具的爱好，因此彼此间又多了一个令人兴奋的话题。为了一件他所钟爱的木器，石禅会不惜工本紧追不舍。他对古典家具美轮美奂的线条几乎偏执的着迷和追求，一一化现在他美妙的瓷画中，他的瓷画便也引起更多人的几乎偏执的着迷和追求。

　　马小娟是四位签约画家中的唯一女性，都说她是美女画家，她的美也表现在她的瓷绘中。金陵古都的哺育、西子湖畔的熏陶、黄浦江水的滋

＊黄阿忠在瓷画上的缤纷灿烂

润，造就了马小娟的娴静而又雅致。她那女性的令人赏心悦目的笔触，使她作品中的山山水水、花花草草，朦胧而秀美，无不流淌着吴歌越语的江南韵味。高雅清逸的荷花，略略夸张的马小娟式的仕女，浅发短额，眉似春山，目如横波，樱桃小口，粉面生春，坦然而端庄，从容而脱俗，演绎着天作之合的永恒主题，流淌着属于中国人的美好心境。马小娟笔下的美是她所独具的那种含蓄的美、深藏不露而又耐人寻味的美。马小娟的绘瓷与她的中国画相似。当色彩和线条从她那纤纤指间流出的时候，我们感受到的仍像在听一曲委婉的江南丝竹。也许因为同是吴越女子，殷慧芬在参观放生桥堍的申窑展厅后直言："我似乎更喜欢马小娟的瓷绘作品。那幅撑着小伞的采莲女瓷版画，荷叶田田，美人凌波。俨然一首宋词。"

四位画家的绘瓷作品虽然各不相同，但是他们都在思考如何与传统瓷器进一步拉开距离，创造属于自己的海派新瓷。

罗敬频还创造了一种"合作画家"的体制，这种体制更适合一些比较年轻的画坛新秀。经常在申窑画瓷的有陈步兵（陈军）、牧之等。为了开拓申窑海派瓷器新品，罗敬频近期将其老师吴颐人请到窑里。

吴颐人，上海人。别署甚多，有司马由缰、忘我庐、溪饮庐、逐鹿山房、两天晒网斋、三难堂、白驴禅屋、千万莲花院等。1942年出生，自幼酷爱金石书画，得钱君匋、罗福颐、钱瘦铁诸人指导。书法以汉简见长，参以草、篆笔意，篆刻以秦汉印为宗，兼取赵之谦、黄士陵、吴昌硕、来楚生诸家，尤擅成套组印创作，或工稳婉约，或浑厚苍古，面目多变，自出新意。出版篆刻专著10几种，深得爱好者好评，现为中国书协会员，西泠印社理事，上海师大兼职教授。吴颐人是典型的海派文人书画篆刻家，在他众多的著作中，一本《梦绕丽江——纳西象形文书法刻印》尤引我注目，他对东巴文的研究体现了他广博的学识。吴颐人善用刻刀，在申窑他以刀代笔，佳作

* 石禅的追求

* 马小娟的瓷绘作品

叠出，营造着别具一格的中国瓷器艺术。吴颐人用刻刀在瓷胚上写字作画，让我想起文人在宜兴紫砂壶胚上的刻画，他似乎在寻觅其中的异同，他也许想在瓷艺上创造紫砂所具有的闲云般的逸雅。

著名作家赵丽宏是申窑的常客。翻阅2003年8月24日的《解放日报》，"彩色画刊"专页是整版篇幅的申窑彩绘瓷器佳作，赵丽宏撰写的卷首语是那样令人怦然心动："……窑门被轻轻地拉开，神秘的谜底豁然曝光，窑前情不自禁地发出一阵惊叹。展呈在人们眼前的，是一片缤纷奇丽的彩色。烧成瓷器晶莹如玉，而瓷器上的图画，则气象万千，七色纷呈。"日后我注意到赵丽宏敬贺巴金百年华诞的礼品就是他自己在申窑书绘的瓷瓶，"似兰斯馨，高山水清，百年风霜，时代良心"。白瓷上十六个字表达了赵丽宏对巴金老人的敬意。赵丽宏选择申窑瓷器作为载体，其原由不言而喻。

诗书俱佳的陈鹏举在我的朋友中是惜字如金的，读他的诗、文，很少有多余的字句。然而对于申窑，他似乎是不吝笔墨。《文博断想全集》中有两篇：《申窑》、《申窑五年》，另有《新世纪的名窑》、《申窑开得像花儿

一样美丽》等相关文字屡屡见于报端，一首写给罗敬频的《念奴娇》更是让我心生感慨："……遍地英豪，几人志存千里。家住崧泽村边，沧桑酣梦里，迢迢来去。要使凤凰屯烈火，熔铸而今往昔。陶是精神，瓷为风骨，挺立成人字。人间如梦，梦中寥廓天地。"不管是在冷僻的虞姬墩路，还是在绿树荫翠的新泽园里，申窑一次次迁址，迁不走鹏举的偏爱。鹏举一头扎进瓷坯之间就像鱼儿扎进水里，在胎坯上赋诗写字画画，倾诉着胸中情

愫,更留下当代海派文人心迹。

国际著名陶艺家李茂宗、中国美协副主席施大畏、当代海派绘画大师方增先、张桂铭、上海博物馆馆长陈燮君、著名油画家艾轩、王沂东、何多苓、杨飞云、南社文人、苏州弹词作家陆澹安的嫡孙陆康、书画家张捷、刘一闻、刘铜成、杨怀琰、陆春涛、陈军等都曾在申窑挥墨泼彩,留下隽永佳句五色图画。沪上的作家诗人也常客窜其间,让自己的绕梁文句在瓷上历经一次烈火的洗礼。

后来创办冷窑的沪上著名画家陈家泠，在申窑初期也曾是罗敬频的合作伙伴。在申窑获得成功后，他另在半岛点燃冷窑炉火，在沪上抒写海派瓷艺的另一道风景。

"申窑与景德镇的最大区别就在于艺术家的创造，而不是工匠的绘制。没有艺术家就没有申窑。"黄阿忠如是说。申窑激发画家书法家的创造力和想象力，申窑的每一件作品都融入了海派文人的独特思维与创意。申窑在艺术上的原创性荟萃了海派文化，同时也让申窑的作品一下子走在了中国当代瓷器的前列。

风景里的歌唱者

一位领导说：申窑成了上海文化产业的一道风景线。

罗敬频说：那么我就尽情地在风景里为上海歌唱。

罗敬频在风景里一直是个歌唱者吗？也不尽然。

他自己坦言，办这样一个窑确实不容易，光是每年的租金就是数十万。加上人工、材料、燃料等开支，开销很大。这样的开销能容他一直歌唱？

熊熊火焰之下，煤气窑里诞生了第一批瓷器，合格率不到20%；在高达1 350度的高温下，陶坯造型的稳定、釉料的流变和还原都无法预估和难以控制，废品总是大于成品。目睹成批废瓷，罗敬频能有心情一直歌唱？

从2001年1月创办申窑，迄今已近九年。九年的甜酸苦辣，个中滋味只有他自己体会。作为他的朋友，我只是隐约觉得他的不易。但是，九年，他走过来了。九年之后，他还将饱尝甘苦地继续走下去。

风景里的歌唱者或许是罗敬频在激动时的一种豪情的抒发，或许是他希望达到的一种美妙的景致。为了让申窑成为上海文化产业的一道久远的风景，罗敬频更像一个埋头于辘轳车的窑工在不懈地努力着，他把自己的智慧、精力、财富都化作柴禾塞向这座海派瓷艺的炉窑。

与沪上画家签约之后，建窑之初，罗敬频每周的上班时间是六天半，只要画家们在厂里，他就全程陪同，以厂为家，同吃同住。简陋的工厂说是创作基地，其实条件极差，当时连空调也没有。那几年，又恰恰是罗敬频原本经营的房地产业在上海最红火的时期。罗敬频无怨无悔，在艺术的窑火中寻找另一种快乐。他亲手设计了上百种器形款式，一种两侧尖、两面呈弧形的箱器陶瓷，更是中国陶瓷史上前所未见的器形，他图的就是激发画家们尽情挥毫泼洒。当他看到马小娟的荷花美人在瓷瓶上显示烟笼寒水月笼纱的情致，当他看到俞晓夫的玩偶系列在瓷板上色块浓重，线条凌厉，嘲谑而冷峭，当他看到黄阿忠以油画笔法在瓷盘上勾出江南古镇光影浮动的国画效果，当他看到石禅老辣纯熟的笔触在瓷缸上让花鸟鱼虫鲜活起来，这时候他真的想歌唱了。

对画家来说，陶坯不像画布那样可以掌控：色彩画薄了，烧出来色彩黯淡，毫无灵气；色彩画厚了，釉又会流得淋淋漓漓。画家必须和窑工密切配合，只有在色彩、线条、窑温、火候等方方面面都恰到好处时，一件瓷器才可能稳定地出炉。为此罗敬频从瓷都景德镇聘请"专家级"的窑工技师。这些技师制作的每一件瓷胚，无论画缸、笔海、瓷瓶多么庞大，全由手工拉坯而成，没有一件灌浆胎，这样做就是为画家创作时有一种极佳的原始质感。

为了保证申窑瓷器的冰肌玉骨，罗敬频采用了来自景德镇上乘的高岭土，连和泥的水都来自景德镇的昌江水，甚至不惜重金从德国、意大利、日本等购进元素更加科学、稳定的泥料。申窑的许多方面似乎在延续景德镇古往今来的传统，但他又不同于景德镇。除了艺术上的原创外，在技术上它更追求"窑变"，而不是一味的光洁、均匀。这种"窑变"所具有的神秘和不可预知性，使申窑的作品更有魅力更有一种有情有趣的美妙期待。

罗敬频常说，烧窑最终要靠"上帝之手"。在高达1 300多度的高温下，难以控制的不稳定性，不能保证每件瓷器的完美，瑕疵是不可避免的。为此申窑每年有一次集中的"严打"。凡平时发现的发色、气泡、缩釉、窑缝、粘连等甚至肉眼很难发现的瑕疵，几百件一次性销毁处理，决不流向市场。罗敬频说，这种做法与明清官窑是一脉相承的，明清官窑是进贡皇室的，申窑的"皇帝"是消费者。

成立至今，申窑参加了连续几届的上海艺术博览会，作品被大量海内外收藏家及瓷绘爱好者收藏，得到海内外名流的称赞。2003年艺博会上，申窑摆出几件石禅的石榴图案瓶子，结果被一抢而空，只得接受订货，有几十个客户下了订单。石禅的石榴瓶成了申窑具有象征意义的作品，人见人爱。此外箭筒、瓷板、大盘都非常好销。在艺博上卖出最贵的一件是俞晓夫的大箭筒，差不多要20万元。

难以控制的不稳定性，让申窑的报废品总是大于成品。罗敬频指着一件瓷器说，这是一件2002年生产出来时叫价7万元人民币的申窑作品，别人出价6万元我没卖，第二年这个人出12万元我也没舍得，第三年他又来了，出35万元，但我已下定决心不卖了。不卖的原因是作品的不可复制性。罗敬频说，我们按照这个造型，用一样的颜色和制作手法做了几十个，却怎么烧也烧不出相同的效果了。这就是画瓷的特点："惟我独尊"。一件作品经过窑变，往往给你千百次失败，却只给你一次惊喜，这件作品就是连你自己也模仿不出的艺术精品。

申窑面向国际，频频举办"捷克人，水乡情"等国际陶艺作品交流展，与各国的艺术家交流，显示着海派艺术"海纳百川"的一贯传统。联合国陶瓷顾问、国际著名陶艺家李茂宗先生称赞申窑"开创了瓷器艺术新的

时代"。《人民日报》、《解放日报》、《文汇报》、《大公报》、《新民晚报》、《大地》、《环球市场》，中央电视台、日本NHK、德国慕尼黑电视台、上海东方电视台等国内外数百家媒体都作了专题报道申窑。文化部副部长陈晓光在参观申窑时，欣然命笔在瓷板上题写了"艺术之窑"、"烈火中诞生的美"。连续几年，申窑瓷器被列为上海市政府馈赠国内外友人的礼品。

申窑在放生桥堍的展厅无疑是朱家角最美丽的景致之一。展厅内陈列的申窑历年精品瓷器，琳琅满目，流光溢彩，与屋内小天井里的翠竹、壁上来楚生谢之光的书画、满室的明清家具，连同瓷上书家们的唐诗宋词、圆桌上几杯热气飘袅的香茗，一切都令人赏心悦目。

罗敬频获得的"法兰西共和国荣誉勋章"现在也陈列在朱家角申窑展厅，熠熠闪光。

"罗敬频获得这个含金量很高，沉甸甸的勋章，源于他在中法文化交流中找到的古老陶艺这一载体，使得我们的交流内容更加丰富也更加鲜活。"罗敬频在荣获"法兰西共和国荣誉勋章"以后，上海博物馆馆长陈燮君如此评价。

罗敬频应该可以歌唱了吗？激动之余，他觉得后面的路还很长。

金山农民笔端的色彩

那种沉睡的人类童年般的认知变成了苏醒的绘画，那种江南乡土意味和时代生活脉搏的融合化为艺术的喷发，让世人震惊。

金山农民画成为个性鲜明的"中国元素"之一。她那从田间脱颖而出的美是江南民间艺术的奇葩，她合着时代的脉搏，创造了中国现代民间绘画的新风格。

富有江南风俗情趣，构图饱满，造型夸张，色彩明快，随心走笔，由情铺彩，以拙胜巧……这些金山农民画给人的印象，最终形成了人们对它的独特艺术风格的认同。

任何作品一旦摆脱了和超越了功利性，才会自如地透逸着质朴的美，才能达到至臻的艺术境界。金山农民画亦然。

2007年，金山农民画被上海市列为第一批非物质文化遗产；同年，金山农民画村又被国家旅游局授予"全国农业旅游示范点"。

1980年4月。

北京。中国美术馆。

《上海金山农民画展》在这里拉开帷幕。色彩明快、构图夸张、散发着浓郁的乡土气息的农民画吸引了每一位参观者的眼球。那种沉睡的人类童年般的认知变成了苏醒的绘画，那种江南乡土意味和时代生活脉搏的融合化为艺术的喷发，让世人震惊。

金山农民画从此登上大雅之堂。几乎一夜之间，她的美名传遍了大江南北。作为在中国最具现代意味的城市——上海郊县金山诞生的农民画，成了当代中国民间艺术的一朵艳丽奇葩。

从田间脱颖而出的美

　　一个偶然的机会我踏进枫泾这块土地。那天，从浙江某地返沪路过，经不住金山农民画的诱惑，便在那里作了几个小时的逗留。

　　枫泾古镇地处吴越交汇之处，素有"吴跟越角"之称，近现代以"三画一棋"闻名。三画，就是祖籍枫泾的丁聪的漫画、祖籍枫泾的程十发的国画，以及金山农民画，一棋，就是大师顾水如的围棋。和平街上程十发祖居、北大街的丁聪漫画陈列馆自然让我驻足留恋，然而古镇沿街可见的当代金山农民画也让我怦然心动。

＊ 枫泾古镇

陪同的金山友人似乎看出我的心思，说午后去中洪村，那里是金山农民画的发源地，曾被中央电视台评为"2006年度中国十大魅力乡村"。

中洪村确实让我惊喜，那里的金山农民画村生态休闲园如同一个色彩的世界，瓦舍墙上一幅幅硕大的农民画让我目不暇接。我欣赏着，终于找出了之所以陶醉其中的原因。这些外表极其拙朴的画中，有原始的田野气息，有水乡的风土人情，融汇着中华诸多的传统艺术的元素。而这一些恰恰又都是我所喜欢的。画中所体现的农村风俗、泥土芬芳，仿佛让我历经了一次生命的回归，让我想起童年乃至我的祖辈与土地的一种无法割舍的原始情愫。

我想，这也正是金山农民画风靡于世的缘由。

* 金山农民画村——中洪村

　　说起金山农民画的起源，要追溯到在上世纪七十年代。1972年，早年求学于上海美术专科学校国画系的部队画家吴彤章从海军转业到上海金山县文化馆，负责组织、辅导金山农民画创作。吴彤章，出生于1933年4月，现为中国美术家协会会员，中国民间文艺家协会会员，中国民间美术学会理事，上海农民画协会副会长，金山农民画院名誉院长。早在上世纪五六十年代，他的画作就多次参加全国、全军美展，被解放军总政治部、沈阳故宫博物馆等单位收藏。

　　1974年，陕西户县的农民画到上海宣传展出，金山文化部门要求当地的美术工作者学习户县并发动金山农民作画。吴彤章接受这个任务。他四处物色培养对象。江南地区随处可见的刺绣、挑花、剪纸、陶瓷画、木雕、泥塑、漆绘等艺术形式尤其农村日常生活中的灶台壁画，题材丰富，色彩艳丽。吴彤章利用当地民间艺术多姿多彩这一优势，把具有一定美术基础和艺术素养的农民吸收到农民画创作学习班中来。他第一个去找的农村妇女是曹金英。

曹金英从小跟母亲学刺绣，绣中花鸟鱼虫人物都从印象出发，并夸张变形，色彩鲜艳，对比强烈。吴彤章想让她出来画画，她跑到新华书店去看挂着的年画，"哎呦，这样的画叫我画，不行不行。"她扭头就跑。吴彤章鼓励她说："这是专家画的，我只要你像刺绣那样画画，你那个刺绣好啊，专家都画不了的。"在吴彤章的启发辅导下，曹金英用纸当布，把笔作针，以颜料比作有色的丝线，照绣花一样配色，以浪漫主义的手法，大胆地进

＊吴彤章辅导的农民画家集体照（1978年）

行艺术夸张，终于按照自己的意图创作出了一幅耍龙灯的画。大红底色上一条色彩缤纷的飞龙，龙身下许多耍灯人各是姿态，形象生动，色彩明快，洋溢着作者对生活的热爱和丰收的喜悦。

面对这些朴素的农民，吴彤章不上统一的美术理论基础课，而是给他们足够的空间，建立他们的自信，最大限度地投入创作情感，画他们熟悉的东西，画出自己的风格。用吴彤章的活来说，"辅导者首先应该肯定农民画家们'瓶'里都装着极好的'酒'，关键是如何想方设法把瓶盖子打开，让酒痛痛快快地倒出来，而无须把自己的酒灌到他们的瓶里。"

这些农民画家想象力极为丰富奇特，无拘无束，他们在画法上不拘泥于对物象的再现，不受透视原理约束，什么美就画什么，怎么美就怎么画。联想浪漫，笔随心走，五颜六色。

* 吴彤章在辅导农民画家阮四娣、曹金英、曹秀文、陈木云（1980年）

　　他们的这种随心所欲、自由发挥，无形之中让这些画有一种西方画家的现代意味，引起了国内外人士的浓厚兴趣。1977年，"金山农民画"首次在上海美术馆展出。这一年，英籍华裔作家韩素英到金山考察访问，她说："金山农民画有着江南民间艺术的独特风味，也符合西方人返朴归真的审美情趣。如出国展览，定能成功！"以后的事实证明了她的预言。上海美术家协会副主席沈柔坚、著名画家华君武来到枫泾考察时，对金山农民画都给予了肯定。1980年，《上海金山农民画展》在北京中国美术馆展出引起轰动，国家文化部、中国美术家协会和各国使节参加了这一画展。农民画家曹秀文的作品《采药姑娘》作为展会的海报，高高的挂在美术馆门口，随即又出现在各大媒体上，一时成了金山农民画的代表。此后，金山农民画开始走出国门，先后到美国、英国、日本、法国、德国等几十个国家和地区展出，世界各国的友人见之惊呼"这是中国最优秀的民间艺术！"美国前国务卿基辛格的夫人和国际知名人士和艺术家纷纷来到金山，表现了对农民画的极大兴趣。1981年8月，联合国粮农组织救济委员

* 曹秀文《采药姑娘》

* 美国基辛格夫人在朱泾参观农民画（1982年）

会联邦德国分会主席维·迪尔斯曼访问金山时，选购了50多幅农民画带回国，被当地媒体评论："中国上海金山一些农村绣花妇女开拓了一个美术新领域。"美国纽约华立·凡德莱国际画廊曾经展出百幅金山农民画，不到三天便销售过半。异国他乡的国际友人从农民画中了解上海金山，了解社会主义新农村。

1987年，国家邮政部以金山农民画为内容发行了今日农村邮票，使金山农民画通过邮政渠道，传遍了五湖四海。1988年文化部命名金山为"中国现代民间绘画画乡"。1989年成立了金山农民画院。2006年中洪村先后被命名或评选为"中国特色村"、"中国十大魅力乡村"。同年10月，金山农民画在上海外滩18号举行盛大的精品回顾展，国家文化部部长孙家正亲临展会，赞誉金山农民画家为"东方的毕加索"。2007年，金山农民画被上海市列为第一批非物质文化遗产；同年，金山农民画村又被国家旅游局授予"全国农业旅游示范点"。

由于吴彤章在开拓中国现代民间绘画方面成绩显著，1982年，他被文化部授予"全国农村文化艺术先进工作者"称号；同年被上海市人民政府授予"上海市劳动模范"称号；1988年，文化部社文局又授予其"中国民间美术工作开拓者"称号。

今天的金山农民画盛名天下，吴彤章的名字理应不该被忘记。

金山农民画已成为个性鲜明的"中国元素"之一。她那从田间脱颖而出的美是江南民间艺术的奇葩，她合着时代的脉搏，创造了中国现代民间绘画的新风格。她扎根于民间，以浪漫主义的想象力，大胆的艺术夸张，形成了独特的造型特点，以鲜活艳丽的色彩，拙朴明快的笔触向世人诉说着江南农村的一个个动人而趣味盎然的故事，表达着人们对土地、生命、生活的无比热爱。

东方乡村的毕加索

由金山农民画引发的这种对土地、生命、生活的无比热爱，使每一个来到中洪村的宾客流连忘返。那天，我像个孩童，欣喜地在一家家画室间穿梭，如同进入梦幻世界。我在一个叫曹秀文的农民画家那里买下了喜爱的画。

文化部部长孙家正曾赞誉金山农民画家为"东方的毕加索"，与我合影的曹秀文是其中之一。

圆脸盘、大眼睛的曹秀文，1956年出生于中洪村，阿爸是个木匠，木工做得好，还特别喜欢在木器上雕花，姆妈是绣花女，绣花织布都不错。尽管曹秀文小时候没读书，但受到家庭熏陶，自小对色彩，造型兴趣很大。有一天她在田里放鸭子，看到小鸭子吃饱后，有的在梳理羽毛，有的在打瞌睡，形态可爱，她就来了兴趣，弄来大把粘泥，捏了好几只姿态各异的小鸭子，做成泥塑，然后把泥鸭子放在灶里烧，在烧好后的泥小鸭身上涂颜色。她说："也许是那一次埋下了艺术的种子。"1975年，曹秀文高中毕业

* 笔者与曹秀文

回村务农，恰逢上海画家韩和平下放到他们村里劳动。韩和平工余辅导农民学画，曹秀文也在其中。在韩和平和县文化馆吴彤章的培养下，曹秀文迅速成长为一名出色的金山农民画家。

在村里，曹秀文当过卫生员，因表现优异，被评为五好社员。她戴上大红花时，记者给她照了一张相，她非常喜欢，后来就以这张照片为模特，进行艺术加工，画了幅自画像，取名为《采药姑娘》。这幅作品获上海农民画展一等奖，原稿已被中国美术馆收藏，还被收录进南斯拉夫出版的《世界农民画册》。

曹秀文还担任过夜校辅导员，一天晚上大雨滂沱，她以为村民不会来听她讲课了，但令她惊喜的是，不一会，她就看到村民们一个个撑着伞顶着大雨纷纷涌向夜校。她很感动，事后她以此为题材用写意手法，画了大雨中张开的一顶顶雨伞，红红绿绿，色彩缤纷，如同盛开的花。这幅取名为《上夜校》的作品很快引起了轰动，后被中国民间美术馆收藏。

1979年，曹秀文到公社鱼塘体验生活，看到老渔民酒后拉网捕鱼的情景，她分外激动，回来后很快画出了《渔家乐》，曹秀文笔下的鱼也像是喝过酒，浑身发红，醉意朦胧。这幅画后来被德国出版的挂历选登，还被美国国务卿基辛格看中并收藏。

＊ 曹秀文《渔家乐》

曹秀文现在是上海民间艺术家协会会员、上海农民画书画家协会会员、金山农民画协会理事。她的画自然、朴素、流畅，充满了青春活力，已在美国、德国、日本、法国、荷兰、比利时、加拿大等多国展出。2008年7月，应英国牛津市"艺术在行动"组委会邀请，曹秀文赴英参展，金山农民画家又一次远涉重洋，向世界展示中国当代民间艺术。曹秀文回忆说："在亚洲展厅，所有人的眼光都会被来自中国的农民画所吸引，因为颜色实在太漂亮了。"金山农民画是绝对的"第一眼美女"。红的红，蓝的蓝，绿的绿，相比油画的隐晦，国画的素净，农民画显得尤其直爽浓烈。老外们不仅被这鲜艳的颜色所吸引，对曹秀文的现场作画表演更是感兴趣。他们很专业地向曹秀文提出各种问题，包括农民画创作的技法、视角、题材等，临走时买上一幅画，还不忘翘着大拇指称赞："很艺术、很中国，不可思议。"

* 曹秀文赴英参展

有记者问："金山农民画的最大特点是什么？"曹秀文这位两次被著名华人作家韩素音单独采访过的全国"三八"红旗手直言："金山农民画最大的特点就是，来源于民间生活，有着浓郁的乡土气息，生活是我们的根。"

在金山，源于生活，从乡村走出来的"毕加索"还有好几个，陈富林也是其中的代表人物。

土生土长的陈富林，初中毕业就回乡参加了农业生产。他生性聪明，自小就喜欢写写画画，刚出校门，就时常为乡亲画个灶壁画什么的，很受农民们欢迎。他白天参加劳动，晚上就学画画，农民的生产、生活就是作画的素材。他先是用墨线勾勒画面，然后用水彩着色，五颜六色勾画出了农民们的劳动场景。《春米》、《踏水车》、《乘风凉》等作品，在乡邻中广为传播。上世纪七十年代中期，县文化部门辅导培养农民绘画，陈富林作为第一代金山农民画的作者脱颖而出。他所创作的800多幅农民画，近百幅在国内获奖，200多幅走出国门在美国、日本、荷兰等20多个国家展览。1998—2002年间创作的26米长卷《安居乐业图》是他的代表作。画中，他一一描绘农村习俗和传统农具，再现了农家的生产、生活、丰收和娱乐的场景，洋溢着浓浓的农家风味，很有点《清明上河图》的意味。在陈富林的影响下，陈家四代9个人都迷上画画，用朴实的画笔描绘农村红红火火的生活。

陈富林的妻子王美英的一幅描绘妇女生活情景的作品《桃花映面红》面世后，被有关部门选中作为礼品，赠予第四届世界妇女大会。

逢年过节，陈富林全家四代人欢聚一堂，各显身手。陈富林的母亲、年逾八旬的老阿奶钱引珍戴着老花镜也会凑过来看热闹。一次她问："怎么不见你们画走马灯？"得知大家没见过走马灯，老阿奶便兴致勃勃地说她小时候过节时,常会有马灯队来村里。马灯队由8匹马、8只花篮组成,男人表演马,女子则提着花篮跟在马的后面,所有的马还要变化阵容。一些传统剧目也会在走马灯时同时表演,如《刘志远敲更》、《李三娘挑水》、《吕纯阳三戏白牡丹》等。大家听得入迷,央求老阿奶继续讲,老阿奶却说:"我画出来给你们看。"没几天,一幅《走马灯》果然画了出来,从此,老阿奶也成了"画痴",《水乡庙会》、《摇梢船》、《社戏》、《八月十五拜玉皇》等新作带着她儿时的记忆不断问世。如今,陈富林的孙子耳濡目染,课余也拿起了画笔,俨然一个小画家。

以绘画语言来吐露自己心声的金山农民画家还有曹金英、陈芙蓉、阮四娣、张新英、陈德华等一大批。

早期的作品中,曹金英、阮四娣两位艺术家的名字是金山农民画的符号。曹金英的许多作品如《公社鱼塘》、《满月》、《村头鱼市》、《雕花工场》、《走亲家》、《出嫁》、《布置新房》等,都很著名,分别被中国美术馆、中国画研究院、中国民间艺术博物馆收藏。

1907年1月出生的阮四娣更是一个传奇式的人物,她家境贫寒却心灵手巧,13岁起她就跟长辈学习剪纸,后来成为当地闻名的剪纸能手。她的剪纸作品曾被上海工艺美术博物馆收藏,曾赴法国展出,曾任上海剪纸学会理事。阮四娣72岁开始学习农民画,初试锋芒便令人刮目相看,《竹林里的吹笛人》获上海市"江南之春"一等奖,《孵蛋》获全国农民画二等奖。1996年获得联合国教科文组织颁发的"世界名人证书"。2005年,在第七届中国艺术节上,98岁的阮四娣被文化部授予"2004年中国现代民间绘画优秀画家"称号。有人仰慕这位耄耋之年的上海市美术家协会会员,专程来金山一睹她的风采,她毫不怯场,铺纸挥毫,当场表演作画。如今,这位百岁老人虽已永远地离开我们,却留下的珍贵艺术品却依然令人醉迷。

* 曹金英《满月》

* 阮四娣《孵蛋》

吴彤章的爱人张新英,八十年代初,受丈夫的影响开始农民画的创作,作品多取材自农民生活细节,较典型的如《闹厨房》。一个简化了的猫的形体,夸张了猫的习性,笔调诙谐而富有哲理。《闹厨房》曾获全国第二届民族文化博览会民间美术大展一等奖。张新英的《糊鞋箔》被比利时国家美术学院作为色彩构成的教材,《江南小溪》和《喂牛》被印成邮票发行。张新英擅长以巧妙的构思,简练的造型,典雅的色彩,把民间与现代、具象和抽象,有机的结合起来,表现江南水乡之美,磅礴大气,受到中外美术家的一致好评。1996年,联合国教科文组织授予她一级民间工艺美术家称号。

在金山涌现的一大批优秀农民画家中,不少已被中国美术家协会、上海美术家协会、上海民间文艺家协会吸收为会员。

原中央工艺美院院长张仃说:"金山农民画与中国古代壁画、民间年画在艺术处理上是一脉相承,大场面构图十分严谨,细节是精致而不繁

＊ 张新英《闹厨房》

琐。对专业艺术工作者来说,有很多地方值得借鉴。我的第一个直感是:这些画都表现出一种乐观情绪。他们热爱生活,没有对生活的爱,就没有那么强烈的趣味去描绘。每一幅画,都是一支光彩闪烁的民歌,他们健康、朴实、清新、活泼而又意味深长!"

富有江南风俗情趣,构图饱满,造型夸张,色彩明快,随心走笔,由情铺彩,以拙胜巧……这些金山农民画给人的印象,最终形成了人们对它的独特艺术风格的认同,这就是东方农村传统题材的中国元素与毕加索、马蒂斯绘画技巧中的夸张、变形的现代元素的结合。

我想,这也是共和国的文化部长称金山农民画家为"东方毕加索"的缘由所在。

沃土上的抒情画

取题"沃土上的抒情画",旨在阐述金山农民画的"来自沃土"与"直抒情感"两大特征。

1999年,上海画报出版社出版了《金山农民画》,汇集了历次在全国省市级的美术大赛中获奖的佳作和近几年的优秀作品。打开画册,一幅幅构思新颖、形象质朴、构图饱满、手法夸张、色彩明快的作品扑入眼帘,江南地区特有的社会风俗情趣和浓厚的生活气息强烈地感染着读者。我掩卷思索,金山农民画的两点特征十分明显。

看曹金英的《满月》、钟德祥的《撒网》、张新英的《闹厨房》、《煮汤圆》、曹秀文的《过年》、张婉英的《缝纫社》、《晒蓝印花布》、朱素珍的《温暖的草囤》、阮四娣的《荷花池里的鹅群》,陆永忠的《农家乐长卷》等作品,我深感生活与艺术的渊源关系。

农业生产是农民的主业，农民不可能像美院学生和专业画家一样，系统地掌握美术理论和专业技艺，但是，劳动和生活所给予他们的艺术感觉是专业画家远远不可比拟的。生长在古老中国这块土地上的农民，对劳动和生活的深刻理解和熟悉，构成了他们独特的艺术思维方式，这正是农民画家能够创作出好作品的重要因素。

　　金山农民画家不可能像专业画家那样，要么在画斋中饱览历代名画，要么跋涉山水，在游历中写生并产生灵感。专业画家所表现的题材较多的是山水、花鸟、人物，一旦表现普通人的劳动生活，他们就必须"深入生活"，而且所抒写的一般比较表面。而农民画家由于一辈子置身于劳动生活之中，日积月累，使他们在表现这些题材时可以信手拈来，左右逢源，而且比一些蜻蜓点水式的"下生活"而获得的作品更真实、更具体、更生动。因此在取材与构思上，金山农民画没有专业画家那样追求匠心，多是直述所见、直写所想，却浑朴自然。曹金英的《满月》、曹秀文的《上夜校》等作品中的浓郁生活气息是专业画家都难以感觉和表现的。金山农民在画中表现自己对生命的感悟，对美好的生活的追求，浓浓的乡情触目皆是，美丽活跃的生命随处可见。天上飞的、地上跑的、水里游的，一切都被刻画得活灵活现，充满着勃勃生机。而这一些正是书斋里的画家所欠缺的。

　　尤为可贵的是，金山农民画在它的起始阶段，画家的创作冲动是自发的，不受功利所驱动，纯粹是为了自娱自乐，为了用画笔把自己对家乡、对生活的热爱表现出来。创作者与欣赏者是一致的，创作的主体是农民，受众的主体也是农民。任何作品一旦摆脱了和超越了功利性，才会自如地透逸着质朴的美，才能达到至臻的艺术境界。金山农民画亦然。金山农民画是生长在沃土上的奇葩。

　　在由上海金山农民画院编辑的这本画册中，阮四娣的《孵蛋》、陈芙蓉的《盖新房》、陈德华的《鹊桥相会》等作品在表现手法上更是令

＊ 陈芙蓉《盖新房》

＊ 陈德华《鹊桥相会》

我震惊。这些画之所以让我有耳目一新之感，就在于农民画家的直抒情感。

金山农民画家由于没有受过美术学院培训，因此，没有太多的清规戒律。一些专业画家在创作时往往对客观现实作比较如实的描写，注重透视、光线、形体。金山农民画家为了表达自己的感受，却不愿受真实事物的束缚，他们凭着主观愿望表现他们心中的特殊形式美。他们观察世界的视角是多种的、互补的，表现客体时往往注入主体的许多感觉。他们表现出来的世界就是他眼中的世界，或者是他希望和理想的世界。

他们把许多不同时间、不同空间的各种物体错综复杂地交织在一起，以自己为中心，通过各种视角，把周围他们感兴趣的东西，都绘在一幅画面中，超越了焦点透视，散点透视的表现限度。构图夸张、拙朴、变形。这种表现形式不但有很大的"生活容量"，而且还符合形式美的规律。

画鱼塘，按照西洋画传统技法，只能画出透视之下的边沿，但农民画却把鱼塘底也翻了上来。画瓶罐，他们把口部画得很圆，底部却被画成一条平线。陈德华画《鹊桥相会》，牛郎织女是没有眼珠的，因为她认为眼睛里充满悲伤泪水的时候，眼珠是看不清楚的。曹秀文画树的枝条却想到孔雀尾巴，因为她很喜欢看孔雀开屏。陈芙蓉的《盖新房》中，树长在了房子上，行人也走在了房顶上，但画中那稚拙的美却是强烈地扑面而来。

百岁老人阮四娣的作品是金山农民画中最先锋、最怪诞的。她画站着的鸡，却画出鸡的脚底；画孵蛋的鸡，连肚里的鸡蛋也画了出来。当绘画太注重客体的时候，一些现代派、印象派的大师却在刻意求变，毕加索、马蒂斯乃至我国关良的京剧人物画，都堪称其中的典范。金山农民画在构图时视角的独特，或多或少地与这些大师的现代意味不谋而合。阮四娣的这种先锋和怪诞，由这个在中国、在江南生活了一个世纪的乡村农妇的画笔来表现，本就是一个值得美术理论家们深究的课题。

金山农民画中有些作品，从表面看似乎有着太多的悖逆和不合理，如陈芙蓉的《贺新年》，鲜花在寒冬盛开、柳枝在腊月飘舞，深更半夜，鸡却在院里嬉戏。从生物学的角度来看，这些简直荒谬得不可思议。但在艺术上，正是这些不合理性的细节，营造了新年的欢乐氛围，表达着作者喜悦的情感。金山农民画的这种别具一格的大胆想象的艺术创造，让人叹服。金山农民画家任性而为，任情而绘，在构图上将写实性和理想性、装饰性和图案性融为一体，在不知不觉中，让作品达到了一种素朴的生命美学境界。

如果把金山农民画比作文学作品，它更像中国古典诗歌、小说，它并不注重太冗长细腻的描写，却喜欢借用比喻与烘托来塑造他们心中的形象。唐诗中李白的"云想衣裳花想容"、杜甫的"香雾云鬟湿，清辉玉臂寒"、白居易的"芙蓉如面柳如眉"……借云、花、玉、芙蓉、柳叶来表现美人姣好的面容。在金山农民画中，也不乏这样的例子。如曹秀文的《采药姑娘》，它不去叙说采药的经过，却借助于铺陈在姑娘周围的品种繁多又鲜艳多彩的药草花卉来衬托姑娘的内心美。这些药草花卉既是"采药能手"这一身份的介绍，又从侧面陈述了她为采摘如此繁多的药草而付出的艰辛，更以花草的美不胜收媲美采药姑娘，起到了极好的艺术渲染效果。

在色彩的选择上，农民画家也是"笔随心走，五颜六色"。他们对所绘物象的本来颜色并不重视，只根据感情的需要来选择用色。阮四娣的代表作《孵蛋》，画一只长着艳丽羽毛的母鸡趴在箩筐里孵彩色的蛋，光是鸡尾巴就有红、黄、黑、紫、蓝五种颜色，母鸡身下孵的蛋也涂抹上了红色和淡蓝色，身旁的一棵树上开满五颜六色的花。虽然，画中的鸡、蛋、树与生活中的自然色彩相去甚远，但老人却借色彩抒发着她内心的情感，使作品获得了极大的成功。阮四娣画站着的鸡，画出脚底板，就因为鸡的脚底板好看。她说："我的笔是随心走的，稀奇百怪、五颜六色，要画得好白相。鸡脚底像朵花，比鸡脚背好看，画画为了好看，总要选有趣的画。"她的这种想象力，让我想起毕加索，想起达利，想起卡夫卡，想起哥伦比亚的小说家马尔加斯。明朗、强烈、不拘泥于现实，金山农民画在色彩使用上的独特审美趣向，冷暖色调交融，线条块面结合，强调情感效果和视觉冲击力，如同顾绣，如同唐三彩，如同明清粉彩瓷器，如同京剧服饰、脸谱。这些万紫千红的艳丽色彩对比性强，组成了民族色彩的交响乐。

金山农民画家无边无际的联想，像展开的翅膀任意翱翔，充满浪漫。他们在取材、构思、构图、用色以及人物刻画等各个方面的独特，都以表现自己的感情为主。每当我欣赏这些农民画时，我更直接地感觉到这些画就是抒情画，尽管其中不乏叙事，但是他们独创性的直抒情感，使作品更富抒情性，就像民歌《山丹丹开花红艳艳》在本质上是抒情歌曲一样。

金山如画，金山农民如画

2008年9月18日，《风行水上——首届原派绘画展》在上海茂名路聚荣轩56生活艺术空间举行。主办方为上海工艺美术学会，策展人为金山农民画家高风，展出作品均为高风、陈修夫妇所作。

陈修是第一代金山农民画家陈富林的女儿，说起她与高风的姻缘，却是画作的媒。陈修初中毕业后，在参加金山农民画班时，与高风相识。高风毕业于上海工艺美术学校，作品写实与抽象相结合，自成一体。1988年秋，高风在《文汇月刊》发表新作《秋雨图》：秋雨潇潇，树上，羽毛被淋湿的鸟儿彼此梳理着羽毛，依偎着用各自的体温温暖对方；树下潮湿而寒冷，树上却暖意融融。陈修被这一画面深深感动，两人自此开始频频交

往,在切磋画艺的同时渐生爱意。一年后,高风和陈修结婚,像《秋雨图》中的鸟儿一样彼此依偎,在新一代金山农民画家中传为美谈。

"风行水上——首届原派绘画展"带给人们的欣喜是多方面的。

其一,金山农民画代有传人。

其二,由于高风不同于第一代农民画家,他受过工艺美术院校的教育,他的作品在传承金山农民画基本元素的同时,增添了油画、国画的技法,作品更显张力,更具深度。

其三,在一些农民画家不断重复"克隆"旧作,从起始时的无功利欲望的"自娱自乐"向市场化、产业化演变的过程中,农民画成了商品,高风、陈修的"原派画院"打出了更注重突出金山农民画的原创性。

《风行水上——首届原派绘画展》有一篇颇具文采的《序》,为陈修所写。她概括了"种田为生的农民,凭借天性和朴素的审美观,将自己生活最美好的瞬间凝著于笔端,逐渐形成了农民画独特的风格",又清醒地看到"'农民'这一概念,也正日益决定并限制着农民画及农民作者的生存与发展",提出"原派绘画立足原生,师法自然,兼容不同艺术门类的优秀元素,把视点聚焦于人与自然的和谐共生","坚持传统与现代艺术的科学结合"的绘画方向。原派绘画"虽如渺渺河水，浅及脚背，不敢奢望能形成荡荡之激流"，但她着实希望能唤出大气之作品，树立大新之气象。"风行水上，自然成文"，是美的极致。

年轻一代的金山农民画家，陆永忠也称得上其中的佼佼者。2006年10月，上海外滩18号举行盛大的金山农民画精品回顾展，展出了近80幅各个时期的代表作，而被做成海报，挂在外滩街头的正是陆永忠的作品《江南之春》。在展出中最夺人眼球的，也是陆永忠花费四年时间创作出的15米长卷《农家乐》。陆永忠是金山干巷三星村土生土长的农民，中学毕业后一边务农，一边画画，至今已创作出千余幅作品。他的《双龙闹春》获全国农民画展二等奖，《温暖的草囤》、《送客》获全国农民画展三等奖，《春池鸳鸯》获上海"江南之春"画展二等奖，《雪地里的狗》入选中国美术家协会举办的全国农民画优秀作品展，许多作品还被国家文化部选作国际文化交流的艺术品到海外去巡展。陆永忠的长卷《农家乐》更是为上海的社会主义新农民展示了一道新景观。

金山农民画已经成了具有浓郁江南乡土文化色彩的无形资产和弘扬民族文化的视觉载体。什么是金山农民画永恒不变的文化内核？现任金山农民画院院长阮章云认为，浓厚的乡土气息是农民画的命根子，"题材可以变、表现手法可以变，但决定作品生命的乡土气息永远不能变。"

我们期待高风、陈修、陆永忠为代表的新一代画家和他们的前辈一起谱写大地和生命的赞歌，创造金山农民画的美的极致。

金山如画，金山农民如画。

自跋

写完最后一篇，我意犹未尽，深感此次"寻珍之旅"远未结束。

上海工艺美术的瑰宝，本书笔墨所及仅为其中一部分。值得抒写的还有许多，如已被列入国家和上海市非物质文化遗产的徐行草编、上海连环画、崇明灶花、奉贤乡土纸艺、罗店彩灯、宝山吹塑纸版画、南汇石雕、海派旗袍制作技艺、钱币手工雕刻技艺、老凤祥金银细金制作技艺等。有的虽然还未被列入非物质文化遗产的保护项目，却依然光彩熠熠，风范无限，如海派玉器雕刻、海派象牙雕刻、海派家具、海派制壶艺术、绒线编结、上海绒绣、上海戏剧服装等。

未能完成以上内容的撰写，原因颇多。一是囿于本书的篇幅，二是迫于与出版社约定交稿时间的逼近，三更主要的是由于本人才疏学浅致使在某些领域内知之甚少，不敢妄然动笔。纵然如此，如海派家具、海派紫砂制壶、上海戏剧服装等题材仍对我充满诱惑。如果本书有再版的可能，我说不定会以新篇充实其间。

本书采访、撰写的过程是我一个难得的学习过程。我在见识了上海民间艺术瑰丽的同时，更让我感慨众多的民间艺术家对中国优秀传统文化的执著守望。已故的徐素白、徐宝庆、王子淦、何克明、赵阔明、胡也佛、张鲁庵等为艺术倾情一生的殉道精神，仍健在的老一辈艺术家戴明教、高式熊、符骥良等为文化遗产的薪火相传言传身教，都让我感动不已。幸亏有他们，我们才能见到顾绣等众多文化遗产的光芒仍在上海闪耀，并将绵延不已。

我在采访中结识的一些书中人物，也让我受到一次情操的洗涤和净化，如松江顾绣研究所的工艺美术大师钱月芳，酷爱顾绣艺术，几十年如一日，不为功利，甘于淡泊，让我觉得在世人追名逐利的今天尤为难能可贵。

我感谢《海派文化丛书》主编李伦新先生给予我的这次机会；感谢文汇出版社总编桂国强、责编张衍等对我在写作过程中的关注；感谢我的妻子殷慧芬，她由于眼疾虽不能参与写作，却一直陪同我采访，帮我出主意，给我以鼓励；感谢上海区县报高级顾问团的顾宪龄大哥为我热情安排采访。《松江报》的吴纪盛、许平、松江区岳阳街道、上海松江顾绣研究所、嘉定区安亭镇政府、《静安时报》总编杨继龙、静安区文史馆馆长杨继光、土山湾美术馆、上海申窑等单位和个人为我在采访中提供方便，我也一并表示谢意。

上海艺术瑰宝，数不胜数。读者尽可在生活中寻找和品味，并由此激发对这座城市的热爱。

2010年，世博会在上海举行，世界各国在上海竞珍显宝，上海成了名副其实的聚宝盆、珍品馆。其间，这个城市所焕发的光彩，必将比梦幻更美丽。我们共同期待。

上海的艺术瑰宝数不清，写不完。在我们共同挖掘、共同品赏、共同宣扬的过程中，我感到上海这座城市本就是无比璀璨的巨大瑰宝，她正日益为世界所瞩目、所赞美、所向往。

2009年11月于上海嘉定涵芬楼

跋

近来十分流行"创意"二字,如美术创意、建筑创意、文学创意等等,因其名目繁多而目不暇接,又因大多陌生而超然处之。但上海大学海派文化研究中心主任李伦新同志提出编辑《海派文化丛书》的创意使人精神一振,耳目一新,对我们从事文化工作的人来讲,正是思之无绪的良策,事之无措的善举。

此创意特色有三:

一是纵横驰骋,自成体系。该系列丛书将由海派书画、海派戏剧、海派建筑、海派文学、海派电影等方面近三十本书组成,基本囊括了能反映海派文化的各个领域,其中6本书将在2007年8月的上海书展上面世。此后每年出版7至8本,争取在2010年出齐,向世博会献礼。

二是叙述简洁,形式新颖。上海,不管你是否喜欢,它在近两百年内迅速发展成为一个国际大都市,并在中国占有重要地位的事实是无可置疑的。因此,上海是一个世人瞩目的、值得研究的、又众说纷纭的一个课题。论述上海、反映上海的书籍纷繁浩瀚,它们各有见解,各具特色,拥有各自的读者。有的是学术性的,史料翔实,论证严密,但曲高和寡;有的是文学性的,情节曲折,故事生动,但内中难免掺杂作者个人的情感,而有失公允;有的是纪实性的,历史掌故和人间悲欢离合尽收其中,但珠玑散落,难于荟萃。丛书力图博采众长,"合三为一",以纪实为主,兼顾史料的真实和文字的优美,并采用图文并茂的编辑方法,使之成为一套新颖的研究上海,介绍上海的书籍。

三是内容丰富,面向大众。丛书对海派文化的各个领域,诸如:戏剧、书画、建筑、文学、风俗等,既有宏观的研究与阐述,又有具体的描绘与剖析,向读者展示了一幅绚丽多彩的海派文化起源、发展、形成、深化的历史长卷，令人信服地得出这样的结论：海派文化造就了被誉为"东方巴黎"和"东方明珠"的上海，形成了"海纳百川"、"精明求实"、"宽容趋新"等上海人的社会人格。丛书既是研究上海的学术著作，又是介绍上海的通俗读物，具有书柜藏书和案头工具书的双重功能。

上海市对外文化交流协会是进行中外文化交流的专门机构，以弘扬优秀传统文化和汲取世界先进文化为己任。协会成立20年正是上海改革开放取得辉煌成就的20年。协会乘势而为，解放思想，开拓进取，积极拓展外联渠道，构筑中外交流的平台，广泛开展国际的社会科学、金融经济、科学技术、文化艺术交流，增进同世界各国人民的友谊和理解，成为上海的一个有影响的中外文化交流的窗口。我们在获悉丛书的编辑思想和出版计划时，就感到双方是心心相印的，所以决定对丛书出版给予经济上的支持。我们认为此举是对建设上海文化事业的支持，是对弘扬民族文化的支持，也是对自身工作的支持。

因为工作的缘故，经常有外国朋友赠送一些介绍他们的国家或城市的书籍。这些书籍装帧精美，内容言简意赅，形式图文并茂。由此联想，在丛书中选择若干本或若干章节翻译，汇编成书，那也是一种十分可取的介绍上海和宣传上海的内容和形式，特别对于将在2010年举办世博会的上海来说尤为如此。

本丛书的出版已引起有关单位的重视和关注。文汇出版社已将本丛书列为2007年出版计划中的重点书，并配备了业务能力强的文字和美术编辑；外宣部门认为这套丛书是很好的外宣资料，是世博会的一个很好的配套工程；有的图书馆反映查阅上海资料的读者日渐趋盛，这套丛书的出版适逢其时，将为读者提供更多的方便。

还必须强调的是丛书的编辑和出版也得到了作者的大力支持。去年年底，编委会召开部分作者参加的笔会，其中不乏畅销书的作家，编委会对他们提出了创作要求和交稿时限。尽管要求高、时间紧，但是作者均积极配合，投入创作，为第一批丛书在2007年8月的书展上与读者见面创造了条件。为此，有的延误了申报高级职称的机会，有的推迟了其他的创作计划，有的不厌其烦数易其稿。

天时、地利、人和似乎都护佑着丛书的面世。丛书是时代的产物，是集体智慧的结晶。

郑家尧

2007年7月

（本文作者为上海市对外文化交流协会副会长兼秘书长）

参阅篇目

张汝皋:《松江历史文化概述》 上海古籍出版社2009年9月

徐蔚南:《顾绣考》 中华书局1936年发行。

吴荣光、沈寂:《上海老城厢》 上海大学出版社1999年9月

顾延培:《上海露香园顾绣艺术的兴衰》 《档案春秋》2005年9月

严 勇:《博物馆中的顾绣珍品》 《文物天地》2007年3月

包燕丽:《顾绣新探》 上海古籍出版社《云间文博》第二卷第3辑

朱丽霞:《女性文化的经典"顾绣"》 上海古籍出版社《云间文博》第二卷第3辑

金元珏:《竹人录》 中华书局2006年6月

褚德彝:《竹人续录》 台湾翦淞阁

王世襄:《锦灰堆》 三联书店1999年8月

郑孝同主编:《嘉定竹刻艺术》 学林出版社1990年9月

周关东主编:《人文嘉定》 上海文化出版社2006年8月

王世襄:《自珍集》 三联书店2007年3月

徐秉坤主编:《徐素白竹刻集》 香港大世界出版公司1997年12月

徐秉坤主编:《徐秉言竹木雕刻》 上海文化出版社2007年6月

陈鹏举:《文博断想全集》 上海文艺出版社2008年8月

高进勇:《徐秉方刻竹人生》 上海古籍出版社2004年12月

徐华铛:《中国竹刻竹雕艺术》 中国林业出版社2007年1月

周秀芬主编:《历史上的徐家汇》 上海文化出版社2005年9月

顾咪咪:《"土山湾"今重现徐家汇》 《解放日报》2007年12月6日

张 伟:《往事溯影土山湾》 《新民晚报》2008年8月17日

汤兆基:《徐宝庆与土山湾》《新民晚报》2008年6月24日

徐才宝等编:《黄杨木雕第一家(徐宝庆黄杨木雕鉴赏)》 上海古籍出版社2003年8月

瞿启蒙:《海派工艺美术家》 《收藏》 2006年第11期

孙玉存:《蓝印花布发源地应该正名》 《联合时报》2009年3月13日

钟和晏:《蓝印花布 快绝门的中国手艺》 《三联生活周刊》2009年8月23日

吴元新、吴灵姝:《蓝印花布》 中国社会出版社2009年8月

潘鲁生、苗红磊:《剪纸》 中国社会出版社2008年

顾咪咪:《海派剪纸艺术登上大雅之堂》 《解放日报》2008年10月17日

王子淦:《王子淦剪纸艺术》 上海人民美术出版社2004年1月

王建中:《王建中海派剪纸艺术》 同济大学出版社2006年4月

陈俊珺:《海派剪纸艺术传承父子》 《解放日报》2008年2月1日

李中国:《宋词中的元宵秘境》 《人民日报》(海外版)2003年3月5日

戴存亮:《"江南灯王"何克明》 《上海文史资料选辑》 第七十四辑

倪宝诚:《另类童话:玩具》 上海文艺出版社2002年月

冰 心:《"面人郎"访问记》 《新编冰心文集:第三卷》商务印书馆2008年10月

庞兆麟:《三代传承的面塑艺术之家》 《新民晚报》2007年9月28日

陆 漪:《面塑传人赵艳林》 《上海采风月刊》2005年第11期

张书嘉:《与面塑的不解之缘》 《新民晚报》2009年4月8日

李士衡:《大收藏家》 万卷出版公司2007年9月

王健慧:《印刷"活化石"深闺突围》 《新闻午报》2005年9月12日

王悦阳:《木版水印:传承108年的精湛技艺》 《新民周刊》2009年

1月29日

乐梦融:《"每根头发丝都一模一样"》 《新民晚报》2009年7月8日

王慧静:《水印传奇》 《档案春秋》2009年11月

华振鹤:《鲁庵印泥八十年》 《中国书画报》2008年第98期

符骥良:《往事如烟亦难忘——记〈中国金石篆刻研究社〉始末》 《博古》丛刊第10辑

王佩智:《西泠印社1963》 西泠印社出版社2006年9月

马 聘、李剑敏:《中国名窑地图》 上海文化出版社2005年11月

梁志伟:《古陶赏玩解密》 上海文化出版社2007年8月

梁志伟:《古瓷赏玩解密》 上海文化出版社2007年8月

宋伯胤等:《紫砂收藏鉴赏全集》 吉林出版集团有限责任公司2008年3月

赵丽宏:《申窑异彩》 《新民晚报》2001年11月12日

陈鹏举:《曾经是菜农》 《新民晚报》2001年9月9日

冬 生:《罗敬频与他的"文化名片"》 《海上文坛》2006年第8期

沈嘉禄:《一座城市"文化名片"的美丽窑变》 新民周刊2005年10月12日

毛时安:《一个人的两重唱》 《诗心》香港东方艺术中心2007年10月

赵丽宏:《石禅中国画作品集序》 《石禅中国画作品集》文汇出版社2003年10月

上海金山农民画院:《金山农民画》 上海画报出版社2003年6月

上海市地方志办公室:《金山农民画从朱泾走向世界》 上海社会科学院出版社《上海名镇志》2003年8月